L'homme qui aimait les femmes

François Truffaut

L'homme qui aimait les femmes

Cinéroman

Librio

Texte intégral

Pour Marcel Berbert

« Renaître, être capable d'émotions, et même désirer être aimé ne constituent pas une existence pleinement humaine. Il faut encore pouvoir être actif, pouvoir tendre délibérément la main à autrui pour obtenir chaleur et affection, pouvoir oser combler soi-même le fossé entre soi et l'autre, tendre la main et changer en intimité la séparation physique des corps, aimer et pas simplement être aimé. »

Bruno BETTELHEIM

Avant-propos

Ce livre constitue la « mise en roman » d'un scénario de tournage. Cette transformation est destinée à en rendre la lecture plus fluide et plus prenante. Bertrand Morane, le personnage principal du film, écrit un roman ; nous avons donc un « roman dans le film ». Ici, il devient le narrateur car pour deux tiers ce « cinéroman » est écrit à la première personne. Nous obtenons donc un roman dans le roman.

Nous avons écrit, Suzanne Schiffman, Michel Fermaud et moi, le scénario de *L'homme qui aimait les femmes*, à l'intention de Charles Denner et par admiration pour lui.

J'ai demandé à Brigitte Fossey, Leslie Caron, Nelly Borgeaud, Geneviève Fontanel, Nathalie Baye, Sabine Glaser, Valérie Bonnier et de nombreuses belles Montpelliéraines d'être celles qu'il a tenues dans ses bras.

Si une phrase pouvait servir de commun dénominateur aux amours de Bertrand, ce serait celle-ci, de Bruno Bettelheim dans *La Forteresse vide* : « Il apparut que Joey n'avait jamais eu de succès auprès de sa mère. »

F.T., avril 1977

Personnages

Bertrand Morane, interprété par Charles Denner.

Personnages féminins

Geneviève Bigey, *conseillère littéraire aux Éditions Bétany*	Brigitte Fossey
Delphine Grézel, *grande amoureuse de mauvaise foi*	Nelly Borgeaud
Hélène, *marchande de lingerie fine*	Geneviève Fontanel
Martine Desdoits, *jolie Bitterroise*	Nathalie Baye
Bernadette, *employée location de voitures Midi-Car*	Sabine Glaser
Fabienne, *la femme de l'embrasure*	Valérie Bonnier
Denise, *ingénieur à l'Institut de Mécanique des Fluides*	Martine Chassaing
Nicole, *ouvreuse de cinéma*	Roselyne Puyo
Uta, *baby-sitter*	Anna Perrier
Mme Duteil, *dactylographe à domicile*	Monique Dury
Liliane, *serveuse restaurant karateka*	Nella Barbier
Aurore, *la voix du service du réveil*	Anonyme
Juliette, *qui aura dix-sept ans en 1985*	Frédérique Jamet
Christine Morane, *mère de Bertrand*	M.-J. Monfajon
Véra, *la revenante*	Leslie Caron

et enfin : le médecin urologue (Jean Daste), M. Bétany (Roger Leenhardt), les lecteurs (Henri Agel et Henry-Jean Servat), Bertrand adolescent (le petit Michel Marti).

Prologue

Montpellier, Noël 1976

Geneviève Bigey est venue de Paris assister à l'enterrement de Bertrand Morane. Elle avance dans les allées du cimetière Saint-Lazare, suivant à distance le fourgon funéraire. Elle n'est pas triste, plutôt pensive :

« Rien ne ressemble plus à un enterrement qu'un autre enterrement et pourtant celui-ci a quelque chose de spécial : on ne voit pas un homme, uniquement des femmes, rien que des femmes. »

Le fourgon s'est arrêté, les croque-morts en extirpent le cercueil. Geneviève s'est placée à l'écart du groupe des femmes vêtues de sombre, comme une observatrice :

« Oui, décidément je crois que Bertrand aurait apprécié le spectacle de son propre enterrement. Bien sûr, *elles* ne sont pas toutes là ! Il manque celles qui n'ont pas pu s'absenter, celles qui ont des comptes à rendre à leur mari, celles qui détestaient Bertrand et qui lui tiennent encore rancune. Je me demande si elles lui refuseraient leur pardon, même mort. » Aucune de ces femmes ne me connaît mais, moi, je devrais pouvoir deviner qui elles sont.

Geneviève esquisse un sourire en voyant arriver des retardataires : une jeune fille toute bouclée, qui n'a pris que le temps d'enfiler un manteau noir par-dessus sa jupette de tennis, une belle rousse qui n'est pas venue seule, elle quitte son compagnon près d'un arbre et vient rejoindre les autres femmes. En voilà une qui a l'air absolument scandalisée, elle devait se croire la seule femme dans la vie de Bertrand, elle regarde autour d'elle et préfère s'en aller en bousculant les autres. Une grande fille court à travers les tombes, elle est venue en pantalon. « Bertrand lui aurait pardonné, se dit Geneviève, parce qu'elle a de jolies fesses. »

Le cercueil de Bertrand est descendu dans la fosse, les femmes viennent les unes après les autres jeter une poignée de terre.

— D'où il est maintenant, pense Geneviève, Bertrand est bien placé pour regarder une dernière fois ce qu'il aimait le plus en nous : nos jambes ! Toutes ces jambes de femmes qui le faisaient rêver... D'ailleurs, je me souviens d'une phrase de lui : « Les jambes de femmes sont des compas qui arpentent le globe terrestre en tous sens, lui donnant son équilibre et son harmonie. »

LE RÉCIT DE BERTRAND

1

Un an plus tôt : les jambes de Marianne. La cousine de Béziers. Le sourire de Bernadette

C'est dans la blanchisserie de Mme Carmen que je remarque les jambes d'une cliente. Choc, émotion. Impossible de rester indifférent. Le temps que la blanchisseuse me rende la monnaie, la splendide inconnue a quitté le magasin.

Lorsque je me lance à sa poursuite, je n'ai que le temps de la voir disparaître au volant de sa voiture et de noter sur le dos d'un paquet de gitanes le numéro de la plaque minéralogique de son véhicule : 6720 RD 34.

Je me précipite à la préfecture de Police, au service des cartes grises. Le fonctionnaire ne fait preuve d'aucune bonne volonté :

— Bien sûr, nous pourrions retrouver le propriétaire de la voiture, mais nous n'aurions pas le droit de vous communiquer son nom.

Il me faut trouver un prétexte pour convaincre le fonctionnaire de déroger au règlement. Regardant derrière moi, j'aperçois une affiche annonçant un concours de photographies de la préfecture, je me risque :

— C'est extrêmement ennuyeux. Il s'agit d'une personne que j'ai prise dans ma voiture pour lui rendre service, elle était en panne, elle a oublié quelque chose dans ma voiture : un appareil photo, sur ma banquette, je voudrais le lui rendre et je ne connais que le numéro de sa voiture.

— Oui, je vois, reprend l'employé, 6720 RD 34. Je regrette, monsieur, mais c'est interdit. Vous comprenez, monsieur, si cette personne avait accidenté votre voiture, alors effectivement, en donnant le numéro à votre assureur vous retrouveriez facilement sa trace...

Je suis ravi : l'employé vient de me fournir une idée épatante.

Je me suis garé dans un parking souterrain près de la préfecture. En reprenant ma voiture, je vérifie que personne ne peut me voir et je la précipite contre l'arête vive d'une colonne de béton. Un phare éclate, une bonne fumée sort du moteur, pas mal de tôle froissée mais la voiture heureusement peut encore rouler. Satisfait de mon initiative, je rentre chez moi.

Mon assureur que j'appelle aussitôt au téléphone a droit à la version que j'ai mise au point :

— J'étais à l'arrêt, stationné normalement sur la place de la Comédie. Quand je suis revenu du bureau de tabac, mon aile avant droite était complètement enfoncée.

Il comprend ma mauvaise humeur :

— Et la personne qui vous a accidenté n'a rien laissé... pas une carte d'excuse ?

— Non, rien, je n'ai eu que le temps de voir sa voiture s'éloigner et de relever son numéro : 6720 RD 34.

Mon assureur se fait fort de retrouver rapidement le coupable et me promet de me rappeler aussitôt. J'insiste :

— Oui, même à mon bureau, ne craignez pas de me déranger ; il faut absolument retrouver cette femme !

Emporté par mon enthousiasme, je viens de donner une précision qui ne manque pas de surprendre mon assureur :

— Comment savez-vous que c'était une femme ?

Je ne me laisse pas démonter.

— Comment je le sais ? J'en ai l'intuition, c'est tout !

Je travaille à l'Institut de Mécanique des Fluides. Ingénieur, j'y conduis diverses recherches visant à évaluer l'effet des turbulences atmosphériques sur les avions en vol ou les navires en mer.

J'aime mon travail, qui réclame concentration et précision, je n'apprécie pas que l'on me dérange pendant une expérience. Néanmoins, c'est avec empressement que j'abandonne à un collègue le soin de surveiller la maquette d'avion qui tournoie dans la soufflerie verticale lorsque mon assureur m'appelle au téléphone.

Il m'apprend que la voiture qui a accidenté la mienne a été louée chez *Midi-Car* et qu'en l'absence de constat d'accident il ne peut pas faire grand-chose.

Je ne vais pas abandonner pour si peu, je me rends chez *Midi-Car* le soir même.

L'hôtesse de *Midi-Car* qui me reçoit écoute poliment mon histoire, mais au lieu de me donner le nom de la personne qui avait loué la voiture en question – cela est contraire au règlement – elle m'affirme que *Midi-Car* s'engage à rembourser les frais de réparation de mon aile endommagée. Ce n'est pas ce que je souhaite.

Je regagne ma voiture, me demandant si je ne vais pas devoir stopper ma recherche lorsque la chance tourne. J'avais vaguement remarqué qu'une deuxième hôtesse, une jolie blonde avec des lunettes trop grandes pour son visage, paraissait s'intéresser à mon problème.

Alors que je mets mon moteur en marche, Bernadette (je peux lire son nom sur la plaque d'identification épinglée sur son uniforme) me tend une fiche par la vitre baissée de ma portière :

— J'ai vu ce qu'ils ont fait à votre voiture, me dit-elle, et je vous comprends. Tenez, voilà le nom de la personne qui a loué cette voiture chez nous.

Sur la fiche qu'elle me tend se trouvent le nom et l'adresse recherchés : Mlle Desdoits, allée Paul-Riquet, Béziers.

Comme je remercie chaleureusement Bernadette, elle ajoute avec un gentil sourire : « Si vous avez un problème, revenez me voir. »

Rentré chez moi, je me précipite sur l'annuaire et je trouve le numéro de téléphone de Mlle Desdoits à Béziers. Déception, c'est une voix d'homme qui me répond. J'insiste pour parler à Mlle Desdoits et la voix d'homme m'apprend que sa fille n'est pas là, qu'elle est partie accompagner quelqu'un à l'aéroport, on me propose de transmettre un message.

Emporté par l'habitude, je raconte à M. Desdoits mon histoire de voiture endommagée à l'arrêt et, apprenant que la coupable sera de retour à l'heure du déjeuner, j'annonce que je me rends immédiatement à Béziers pour demander de vive voix des explications à sa fille.

Sur la route qui va de Montpellier à Béziers, je revois en pensée les jambes de la belle inconnue ; cette vision m'encourage à accélérer.

En ville, je gare ma voiture devant la première cabine téléphonique et j'appelle Mlle Desdoits.

Ma belle inconnue a dû être prévenue par son père de mon premier coup de téléphone, elle attaque sans me donner le temps de m'expliquer.

— Qu'est-ce que c'est que cette histoire de voiture accidentée ?

Cette fois, je ne veux plus mentir, je joue cartes sur table.

— J'avais besoin d'un prétexte pour vous retrouver, voilà la vérité. Il n'y a jamais eu d'accident de voiture. Depuis que je vous ai vue à Montpellier, je n'ai pas réussi à m'empêcher de penser à vous. Bien sûr, j'aurais dû vous parler tout de suite dans la rue mais vous étiez si belle, j'étais si impressionné que je me serais certainement trouvé sans voix. Vous savez, j'ai eu du mal à vous retrouver mais je ne le regrette pas, j'étais prêt à sillonner toute la France. Je suis venu de loin pour vous voir, ne refusez pas ce rendez-vous, j'ai besoin de vous voir.

À l'autre bout du fil, je la sens sceptique :

— J'ai l'impression que vous êtes en train de me monter une énorme blague !

Je ne peux pas accepter qu'on doute de ma sincérité.

— Mademoiselle, est-ce que j'ai le ton de quelqu'un qui blague ?

Elle est bien obligée de reconnaître que non, mais l'important c'est qu'elle accepte de me rejoindre au Monte-Carlo, un café qui se trouve à deux pas.

À peine assis dans le café, je réalise l'absurdité de ma situation : comment puis-je espérer reconnaître une femme que je n'ai vue que quelques secondes *de dos* et dont j'ai surtout remarqué les jambes ? Et si aujourd'hui elle arrive en pantalon ? Pourquoi ne lui ai-je pas demandé comment elle serait habillée ? Ce pourrait être cette grande fille brune qui vient d'entrer ? Non, elle rejoint un type au bar. Cette blonde assise à la table à côté et qui me jette des regards en dessous. Jamais je ne la reconnaîtrai. Je suis fou.

Je suis prêt à renoncer lorsqu'une belle jeune femme blonde en pantalon blanc vient s'arrêter devant ma table.

— Pardon, monsieur, êtes-vous le propriétaire d'une voiture qui n'a pas eu d'accident ? me demande-t-elle en souriant.

Je suis tellement troublé que je ne sais plus vraiment quoi dire. Je lui fais signe de s'asseoir.

— Vous étiez plus loquace au téléphone, reprend-elle. Dites-moi, ça ne vous étonne pas que je vienne à un rendez-vous aussi étrange ? Et puis, je ne sais pas si vous me répondrez sincèrement, maintenant que je suis en face de vous, est-ce que vous n'êtes pas déçu ?

La façon dont je la dévisage ne lui a pas échappé. C'est vrai qu'elle est très jolie mais différente de mon souvenir.

— Déçu ? Sûrement pas. Mais je crois qu'il y a quelque chose de changé, peut-être les cheveux, hein ? Vous aviez un foulard sur vos cheveux ?

Elle refuse de répondre à ma question, elle m'en pose elle-même une autre :

— Dites-moi, qu'est-ce qui vous a plu en moi quand vous m'avez rencontrée, au point de vous donner tout ce mal pour me retrouver ?

Maintenant, il faut que je me lance :

— C'est difficile à expliquer. Vous étiez dans cette blanchisserie, je vous ai vue sortir, marcher dans la rue jusqu'à votre voiture. Vous portiez une robe en soie vert pâle, avec un décolleté en rond autour du cou et des franges aux manches et tout autour des genoux. Le mouvement de votre marche, le mouvement de la robe, c'était très beau à voir ; quand vous avez traversé la rue j'ai eu l'impression que vous étiez en train de conquérir la ville.

La précision de ma description l'amuse.

— Mais alors, ce n'est pas moi que vous avez voulu retrouver à tout prix, c'est ma robe ?

— Non, c'est le tout, tout ensemble !

Elle me considère un moment, puis elle sort une photographie de son sac à main et me la tend.

— Je ne veux pas prolonger un malentendu qui nous mettrait dans l'embarras tous les deux. Regardez cette photo. Oui, ici c'est moi et voilà Marianne, ma cousine. C'est elle que vous avez vue dans les rues de Montpellier. C'est vrai qu'elle a un corps extraordinaire. Malheureusement, elle était seulement de passage ici, elle vit avec un Canadien, elle habite à Montréal. Elle est dans l'avion en ce moment. Je suis désolée. Remarquez, je suis prête à vous donner son adresse à Montréal ; je ne pense pas qu'elle revienne en France avant deux ans.

Ce coup du sort me laisse sans voix. Je bredouille vaguement que je connais Montréal, que j'y suis allé il y a quelques années et qu'il me faut rentrer à Montpellier.

Roulant sur la route du retour, je revois le joli visage de Mlle Desdoits. La situation était inextricable : la détermination même que j'avais montrée dans la poursuite de Marianne m'interdisait de tenter quoi que ce soit avec sa cousine. Il n'y avait pas de solution à un tel problème. Mais voilà que je me souviens des derniers mots que m'a adressés Bernadette, la gentille hôtesse de *Midi-Car* : « Si vous avez un problème, revenez me voir ! » J'ai en effet un problème ce soir. Après cet élan amoureux coupé net, j'ai besoin d'une compensation, d'une émotion nouvelle. Bernadette dont j'ai photographié mentalement le visage charmant sans y attacher d'importance, mobilisé comme je l'étais par la recherche de Marianne, m'apparaît à présent comme un espoir, comme une promesse. Je sais ce qu'il me reste à faire : j'appuie sur l'accélérateur, direction *Midi-Car*.

2

L'île aux Femmes. Une lettre d'Isabelle. La voix d'Aurore. La belle Hélène

Quelques heures plus tard, je m'apprête à quitter le petit studio de Bernadette.

En me rhabillant, je remarque, sur le mur, la carte en relief d'une île inconnue.

— C'est une île où sont venues s'installer des femmes qui veulent vivre seules, entre elles, sans aucun homme, m'explique Bernadette.

— Alors, elles ne sont que des femmes, rien que des femmes ? Combien sont-elles ?

— Je ne sais pas exactement, j'ai lu un reportage là-dessus, peut-être une centaine de femmes... J'ai bien pensé y aller moi aussi, ajoute-t-elle en riant, mais ce serait de la folie parce que, en réalité, j'adore les hommes !

— C'est parce que vous adorez les hommes que vous avez accepté si vite de dîner avec moi ?

— Je ne sais pas. Je crois que ce doit être difficile de vous refuser quelque chose. Vous avez une façon spéciale de demander. C'est comme si votre vie en dépendait.

Souriante maintenant, elle enchaîne :

— Au fond, c'est peut-être une ruse de guerre, le dragueur qui n'en a pas l'air... le dragueur avec l'air inquiet.

— Non, je ne suis pas un dragueur, lui dis-je, j'ai horreur des dragueurs, je trouve ça lamentable.

Ce que je viens de dire, je le pense vraiment mais je l'ai dit avec trop de gravité. Bernadette, qui est de nature rieuse, me remet gentiment à ma place :

— Moi non plus, je n'aime pas les dragueurs mais, quand

même, nous sommes là tous les deux et je ne peux plus reconnaître le drap du dessus du drap du dessous !

Un peu partout, posés sur les meubles, je vois de petits jouets naïfs et colorés. Bernadette m'explique qu'elle les fabrique pendant son temps libre. Avec un bout de fil de fer qui traîne sur sa table, je façonne sommairement un modèle de lunettes cerclées convenant mieux à sa forme de visage que les lourdes montures bleues que je lui ai vu porter.

Comme j'enfile mon blouson, Bernadette me propose de passer la nuit chez elle. Je lui explique que je dois me lever tôt demain matin. Elle veut s'assurer que je ne suis pas triste. Non, je ne le suis pas, simplement c'est mieux ainsi. Elle me donne son numéro de téléphone en précisant :

— Vous m'appelez quand vous voulez, personne n'est obligé, hein, on est libre.

Je la quitte après un dernier baiser : oui, on est libre.

Rentrant chez moi, je trouve une lettre sous la porte.

« Oui, c'est encore moi, Isabelle. J'ai tapé l'enveloppe à la machine car je vous crois capable de déchirer mes lettres sans les lire quand vous reconnaissez mon écriture. Je ne comprends pas votre silence depuis un mois. Si vous ne vouliez plus me voir, vous n'aviez qu'à me le dire franchement. Je ne me manifesterai plus. Vous m'appellerez si vous en avez le désir, sinon adieu.

Isabelle. »

La lettre d'Isabelle est allée rejoindre dans un tiroir d'autres lettres, de vieilles enveloppes et toutes sortes de photographies.

Ce matin, comme souvent, je me suis fait réveiller par le téléphone.

— Allô, ici le service du réveil. Il est sept heures.

Ce n'était pas la première fois que j'entendais cette voix mais je résolus d'engager la conversation.

— Merci. Oh, ne raccrochez pas, c'est vous ? Quel soulagement !

— Quel soulagement ? Pourquoi ?

— Il n'y a pas d'erreur, je reconnais votre voix entre mille, continuai-je.

— Nous ne sommes que vingt-sept.

— En tout cas, je ne veux être réveillé que par vous. Vous ne savez pas le coup qu'ils m'ont fait la dernière fois ? Ils m'ont fait réveiller par une autre.

— J'en suis navrée, croyez-moi.

— Si l'on se perd encore, il faut que je puisse vous retrouver, quel est votre nom ?

La voix reprit le ton professionnel :

— Je n'ai pas le droit de vous le dire, monsieur, je dois raccrocher.

— Non, je vous en supplie, je vous appellerai Aurore !

J'ai dû réussir à éveiller sa curiosité puisqu'elle m'a demandé :

— Pourquoi Aurore ?

— Parce que vous me réveillez à l'aube !

Clic ! Cette fois, elle a raccroché.

Hélène est propriétaire d'un magasin de lingerie fine dans le vieux Montpellier. C'est une amie, cliente du magasin, qui me l'a fait connaître.

Je passe régulièrement devant ses vitrines et souvent j'échange quelques mots avec la belle Hélène. C'est ainsi qu'aujourd'hui je la trouve occupée à harnacher un mannequin comme aux plus beaux jours de l'immédiat après-guerre : soutien-gorge de soie noire à incrustations de dentelle, petite culotte assortie, sans oublier le porte-jarretelles et les bas noirs à couture.

Hélène, qui s'amuse de l'intérêt que les passants masculins portent à sa vitrine, me fait signe de venir bavarder un moment avec elle.

— Alors, vous voyez, ça revient, comme avant, me dit-elle. Qu'est-ce que vous voulez, moi ça me fait plaisir à voir. On aura beau dire et beau faire, la femme sera toujours la femme !

Bien que je sois du même avis qu'Hélène, je lui rappelle l'époque où les minijupes ont fait leur apparition :

— Tous les hommes étaient comme des fous. Eh bien moi, ça m'avait plutôt inquiété. J'ai pensé aussitôt : maintenant ça ne peut pas monter plus haut, alors forcément, ça va redescendre.

Hélène reconnaît qu'en ce qui concerne les minijupes j'ai eu raison, mais pour la lingerie ce ne sera peut-être pas pareil, et puis c'est tellement plus gracieux.

— Oui, mais tout ça vient de Paris, lui dis-je, et je me demande si ça va prendre ici.

— Revenez me voir, je vous tiendrai au courant.

En m'éloignant j'ai continué de penser à Hélène. Il y a des femmes dont on ne pourrait deviner si elles s'intéressent à l'amour. D'autres, par contre, le portent sur leur visage. Il se passera quelque chose un jour entre cette femme et moi : je ne suis pas pressé.

Le soir, après la sortie du laboratoire, lorsque je n'ai pas de programme précis, j'aime flâner dans les magasins pendant l'heure qui précède la fermeture. C'est fou la concentration de femmes que l'on y trouve.

Aujourd'hui j'ai suivi une jeune femme blonde aux fesses rondes bien sculptées sous sa jupe de gabardine. Lorsqu'elle s'arrêtait je m'arrêtais aussi, lorsqu'elle reprenait sa marche je reprenais la mienne. De rayon en rayon, elle m'a conduit jusqu'à une sorte de tableau mural couvert de petits messages manuscrits. Je l'ai observée à distance alors qu'elle y épinglait un carré de papier et je ne me suis approché pour le lire qu'après qu'elle se fut éloignée. C'était une offre de baby-sitting. « Uta », c'était le nom de la jolie blonde, y avait indiqué le numéro de téléphone où l'on pouvait la joindre, numéro que je me suis empressé de noter sur mon carnet. Il faut stocker pour l'hiver, poser des collets, lancer des cannes à pêche, prendre des options.

Avec Aurore, j'ai l'impression d'avoir progressé ce matin.

— Vous avez demandé le réveil à sept heures. Debout, paresseux, il est sept heures.

— Ah, Aurore, je vous retrouve enfin ! Où étiez-vous passée hier matin ?

— Hier matin, je dormais dans mon lit.

— Dans votre lit ? J'espère que vous étiez seule au moins ?

— Cela ne vous regarde pas.

— Ah, décidément vous êtes cruelle avec moi. Je ne vous ai pas dit le pire ! Hier, c'est une voix d'homme qui m'a réveillé.

— Oui, en effet, ils ont engagé des hommes avec nous maintenant ; ici, c'est devenu mixte.

— Mixte ! c'est devenu mixte ! Ah, c'est un drôle de mot.

En tout cas, pour moi, être réveillé par un homme, je trouve ça insupportable. J'ai failli résilier mon abonnement.

Je l'écoutais rire avec plaisir avant de reprendre, encouragé :

— J'adore votre rire, mais vous savez, Aurore, il faut absolument qu'on se rencontre. Donnez-moi un rendez-vous.

— Non, non et non. D'abord vous seriez très déçu.

— Qu'en savez-vous ?

— Je marche les pieds en dedans, j'ai le dos voûté, un œil plus petit que l'autre...

Je l'interrompis :

— Quelle duplicité ! Quelle ruse grossière ! Ayant enfin accepté l'idée de me rencontrer, vous m'annoncez votre extrême laideur afin que je sois heureusement surpris !

— Vous n'y êtes pas du tout. Vous allez chercher midi à quatorze heures. Vous ne me verrez jamais. Je suis Aurore de sept heures. C'est tout.

Cette fois encore, elle a pris l'initiative de raccrocher. Mais je ne perds pas l'espoir de mettre un jour un visage sur cette voix.

Je revois le mannequin sexy dans la vitrine d'Hélène, mais, cette fois, les dessous sont blancs. C'est pas mal non plus mais je veux en savoir davantage :

— Que s'est-il passé ? Ce sont les ligues de vertu de la ville qui vous ont forcée à enlever la lingerie noire ?

— Mon cher, vous n'y êtes pas du tout. Il se trouve que j'ai tout vendu : c'est parti comme des petits pains !

Notre conversation est interrompue par un coup de téléphone. Je ne puis m'empêcher d'entendre que quelqu'un décommande sa soirée avec Hélène. Je décide que le moment est venu de tenter ma chance et j'invite la jeune femme à dîner. Elle accepte sans façon et me propose de passer la chercher à la fermeture du magasin.

Après le restaurant, je me propose d'inviter Hélène à venir prendre un verre chez moi. Depuis quelques minutes, nous avons cessé de rire et, alors que j'attends le moment propice, Hélène parle la première.

— Écoutez, je ne veux pas être coquette avec vous, ni jouer l'innocente. Je vous aime beaucoup et j'aimerais que nous restions amis, même après ce que je vais vous dire...

Elle s'est arrêtée de marcher ; je m'arrête aussi à quelques pas d'elle et je l'écoute :

— Eh bien, voilà. Je connais bien les hommes, enfin j'ai l'impression de bien les connaître ; je sais ce qui se passerait si j'allais chez vous, je sais ce que vous attendez de moi et je sais aussi que je ne vous céderai pas. Alors vous seriez déçu et vous m'en tiendriez rancune. Il faut que je vous explique, Bertrand, j'ai quarante et un ans, je suis très sentimentale mais je ne suis attirée que par les garçons plus jeunes que moi.

Elle laisse s'éloigner un couple de passants. Elle reprend, encore plus doucement :

— J'aime les jeunes garçons, oui. Je ne les traque pas à la sortie du lycée mais enfin, je ne sais pourquoi, passé trente ans, je ne les regarde pas. Le temps qui passe nous donne des coups très durs, nos visages ne s'abîment pas aussi vite que celui des boxeurs mais c'est la même chose et cela m'arrive comme à tout le monde. Je n'accepte pas la dégradation de la vie ou plutôt je n'accepte pas que l'amour s'en accommode. Vous croyez que ce que je vous dis est absurde ? Je suis sûre que, de votre côté, vous êtes attiré par les filles jeunes, à la peau bien fraîche qui n'ont pas ça, là et là.

Tout en parlant, elle me désigne d'un geste rapide de sa main les lignes qui marquent à peine son visage au coin des lèvres et des yeux.

Je dois reconnaître qu'il y a une grande logique dans ce qu'elle vient de dire.

Hélène ne se laisse jamais longtemps aller à la mélancolie ; elle prend mon bras et m'entraîne en souriant.

— Par contre, quand j'étais jeune, j'étais attirée par les hommes plus âgés que moi.

— C'est dommage que nous ne nous soyons pas rencontrés à ce moment-là.

— Oui et non, me dit-elle en riant. À ce moment-là, je vous aurais trouvé trop jeune !

Le moment est venu de nous séparer, j'embrasse Hélène sur les joues, elle met sa main sur mon épaule et insiste pour que nous échangions un « vrai » baiser.

Rentré chez moi, je me mets à fourrager dans mon tiroir à « souvenirs » tout en réfléchissant à ce qui vient de m'arriver.

Ainsi, la jolie marchande de soutiens-gorge ne peut faire l'amour qu'avec de jeunes garçons à la peau douce et tendre. Ce n'est pas mon premier échec évidemment mais c'est le plus inattendu : je pensais bien que cela se produirait un jour mais avec une fille jeune et voilà qu'une femme de mon âge m'envoie balader.

Alors, je décide d'écrire un livre. Peut-être aussi parce que, devant les photos anciennes que j'ai entassées dans le tiroir aux souvenirs, j'ai peur d'oublier : il y a déjà tant de noms de femmes que je ne peux retrouver même lorsque j'ai encore en mémoire les événements liés à tous ces visages. Pendant plusieurs années j'ai conservé mes agendas et puis je les ai jetés quand j'ai décidé de quitter Paris.

Pour retrouver la vieille Underwood qui dormait sur une armoire dans l'entrée, je dois grimper sur un tabouret et je ressens alors, pendant quelques secondes, l'impression étrange de revivre quelque chose que j'ai déjà vécu.

Je transporte la machine sur mon bureau, près de la bibliothèque, entre les deux grandes fenêtres du salon ; je règle la lampe afin qu'elle éclaire bien le clavier, je glisse une feuille dans la machine, j'allume une cigarette et commence à taper : je suis décidé à remonter le plus loin possible en arrière, jusqu'à la première femme, celle que l'on n'oublie jamais.

3

Mon vieux passé. Ginette. Les femmes dans la rue. Ma mère. La voix d'Aurore. Mme Duteil

Comme pour neuf hommes sur dix de ma génération, mon premier souvenir érotique est un souvenir de bordel.

J'avais quatorze ans.

J'avais attendu longtemps dans une rue animée et j'avais finalement choisi une femme au hasard, à un moment et à un endroit où elle se trouvait à l'écart des passants.

Dans la chambre où elle me conduisit, j'attendais qu'elle me donne sinon des instructions au moins une indication de la marche des événements ; c'est alors que je sentis son regard se poser sur moi :

— Dis-moi, c'est quand même pas la première fois que tu montes avec une femme ?

— Oui, c'est la première fois.

— Alors, me dit la femme, tu aurais dû choisir une fille plus jeune... plus jeune et plus belle... Attends-moi ici, je reviens. Tu m'attends, hein, tu ne bouges pas ?

Pendant son absence qui fut brève, je remarquai la présence au mur d'un rayonnage vide, une bibliothèque sans livres !

Lorsqu'elle revint, dans l'embrasure de la porte se tenait à côté d'elle une jeune femme brune et pulpeuse, Ginette. Elle nous laissa seuls.

Grâce à cette initiative généreuse, j'ai la chance d'avoir un très bon premier souvenir et aussi un goût qui ne s'est jamais démenti pour les femmes que l'on rencontre dans la rue.

Il serait trop simple de croire que les femmes vertueuses sont celles qui marchent vite, et je garde le souvenir d'une putain parisienne qui arpentait la rue à toute vitesse. Sa ruse consistait à créer un doute dans l'esprit des clients éventuels ; en suivant la marcheuse rapide on se demandait : Est-ce une putain oui ou non ? Et puis, après l'avoir suivie, on l'abordait avec le double espoir de faire la conquête d'une bourgeoise et d'avoir affaire à une professionnelle qui indiquerait simplement un endroit et un chiffre.

Ma mère aussi marchait très vite dans la rue, en jupe plissée noire, avec, sur le visage, un air têtu destiné à décourager les hommes.

Tout, dans son comportement avec moi, petit garçon, semblait dire : « J'aurais mieux fait de me casser la jambe le jour où j'ai enfanté ce petit abruti » ; pourtant, je garde un souvenir très précis du jour où, pour la première fois, elle me rencontra devant le jardin municipal en train de parler avec une fillette de mon âge.

Nous nous étions retrouvés à la sortie de l'école et nous bavardions sur le grand escalier de pierre qui mène au jardin.

Ma mère marchait sur la route en contrebas. D'abord, la surprise lui fit marquer un temps d'arrêt, puis elle reprit sa marche et passa devant nous comme si j'étais pour elle un parfait inconnu.

Dès qu'elle eut disparu, je quittai ma petite amie, ramassai ma sacoche d'écolier que j'avais laissée en bas des marches, et rentrai à la maison en courant.

Ma mère qui était déjà arrivée m'accueillit avec ces paroles :

— Avec qui parlais-tu tout à l'heure ? Qu'est-ce que c'est que cette petite dinde aux fesses plates ?

Je m'en souviens comme si c'était hier.

J'arrête de taper pendant quelques minutes pour réfléchir à cet épisode de mon enfance : on n'invente pas ces choses-là... Mais pourquoi est-ce plutôt un bon souvenir pour moi ? Je ne sais pas, mais par contre je n'ai pas oublié que la petite dinde en question s'appelait Ginette, elle aussi, oui, comme la Ginette du bordel.

Je retourne devant mon Underwood pour retrouver Ginette.

Ginette ne pouvait guère sortir car elle avait la garde de son petit frère âgé de quelques mois. De mon côté, j'avais toujours souffert d'être fils unique, j'étais un enfant qui aimait les autres enfants.

Alors Ginette m'invitait chez elle et, sous prétexte de pimenter nos parties de cache-cache, elle courait fermer le compteur d'électricité, ce qui avait pour effet immanquable de faire hurler le bébé.

Je me souviens de nos poursuites à travers l'appartement qui se prêtait merveilleusement à nos jeux grâce à ses nombreuses portes et à la disposition de ses couloirs.

Je me souviens aussi de nos cris et de nos rires dans le noir et de la façon dont se terminaient souvent nos jeux : Ginette me surprenait alors que je me penchais sur le berceau de son petit frère pour le consoler et, sous le prétexte d'une prise de judo, elle me faisait choir sur un divan voisin. J'ai donc eu tort de parler de prétexte puisque nos jeux effectivement s'en trouvaient pimentés.

C'est donc en jouant avec Ginette que je me suis aperçu que la compagnie des femmes m'était indispensable, sinon leur compagnie, en tout cas leur vision.

Pour moi, rien n'était plus beau à regarder qu'une femme en train de marcher pourvu qu'elle soit habillée d'une robe ou d'une jupe qui bouge au rythme de sa marche.

Il y a celles qui filent rapidement vers un but, peut-être vers un rendez-vous. Il y a celles qui se promènent avec sur le visage un air de loisir.

Certaines sont si belles vues de dos que je retarde le moment d'arriver à leur hauteur pour ne pas être déçu... À vrai dire, je ne suis jamais déçu parce que celles qui sont belles de dos et moches de face me donnent une sensation de soulagement puisque malheureusement il n'est pas question de les avoir toutes...

Elles sont des milliers tous les jours à marcher dans les rues... Mais qui sont toutes ces femmes ? Où vont-elles ? À quel rendez-vous ? Si leur cœur est libre, alors leur corps est à prendre et il me semble que je n'ai pas le droit de laisser passer la chance.

La vérité, je vais vous la dire : elles veulent la même chose que moi, elles veulent l'amour. Tout le monde veut l'amour. Toutes sortes d'amours, l'amour physique et l'amour sentimental ou même simplement la tendresse désintéressée de quelqu'un qui a choisi quelqu'un d'autre pour la vie et ne regarde plus personne. Je n'en suis pas là, moi je regarde tout le monde.

Comme certains animaux, les femmes pratiquent l'hibernation : pendant quatre mois, elles disparaissent, on ne les voit pas. Au premier rayon de soleil du mois de mars, comme si elles s'étaient donné le mot, ou comme si elles avaient reçu un ordre de mobilisation, elles surgissent par dizaines dans les rues, en robes légères et talons hauts.

Alors la vie recommence. Enfin, on peut redécouvrir leurs corps et différencier deux catégories : les grandes tiges et les petites pommes.

Une belle jambe c'est très beau mais je ne suis pas ennemi des chevilles épaisses, je peux même dire qu'elles m'attirent car elles sont la promesse d'un évasement plus harmonieux en remontant le long de la jambe.

Voilà que je me retrouve en train de déambuler nerveusement en long et en large dans mon salon au milieu d'une véritable tabagie, cherchant la forme définitive d'une phrase qui tarde à se former. Comment décrire, telles qu'elles m'apparaissent, les jambes des femmes ? Enfin, je peux rejoindre ma machine et dactylographier cette note définitive : « Les jambes de femmes sont des compas qui arpentent le globe terrestre en tous sens, lui donnant son équilibre et son harmonie. »

Je relève la tête du clavier : « Mais qu'est-ce qu'elles ont toutes ces femmes, qu'est-ce qu'elles ont de plus que toutes celles que je connais ? Eh bien, justement, ce qu'elles ont de plus, c'est qu'elles sont des inconnues. »

Alors que je relis cette dernière phrase, la sonnerie du téléphone m'arrache à ma machine à écrire.

Je vais décrocher le combiné et j'ai la surprise d'entendre la voix du service du réveil, Aurore.

— Debout, gros paresseux, il est sept heures !

Ainsi, j'ai tapé toute la nuit, complètement inconscient du temps qui passait. Je raconte cela à Aurore :

— Déjà sept heures ? C'est incroyable, je ne me rendais pas compte. Figurez-vous que je ne dormais pas, j'ai passé toute la nuit à écrire.

Le téléphone à la main, je vais écarter le rideau pour m'assurer que le jour est déjà levé. Ce matin, Aurore a envie de bavarder, et de plaisanter.

— Vous m'écriviez, à moi ?

— Non, j'ai commencé un roman, enfin je vais essayer.

— Un roman ? Formidable ! Dites-moi, j'espère que vous parlerez de moi dans votre bouquin ?

— Il ne tient qu'à vous. Si seulement vous acceptiez un rendez-vous...

— Eh bien vous, on peut dire que vous êtes obstiné !

Je transporte le téléphone avec moi jusqu'au divan où je vais m'asseoir, décidé à lui parler et à la convaincre.

— Aurore, je ne blague plus. Je me sens très troublé, peut-être à cause de ce livre que j'ai commencé. Je veux vous connaître, j'en ai besoin et puis je me sens tellement seul.

Ai-je réussi à la convaincre ? J'attends sa réponse avec anxiété.

— Écoutez, me dit-elle, jusqu'ici j'ai toujours dit non, maintenant je dis : peut-être.

Finalement, elle doit raccrocher parce qu'une inspectrice rôde dans les parages.

Ce matin, je suis passé devant une des églises du vieux Montpellier au moment où en sortait un mariage. Tout y était : les familles endimanchées, les corbeilles de fleurs, les jeunes enfants en tenue de cérémonie, le photographe amateur qui se démenait pour avoir tout le monde dans son objectif et surtout le jeune couple, elle en tulle blanc et lui en velours noir, échangeant leur premier baiser conjugal au milieu des exclamations, des sourires et des larmes. Et moi, devant ce spectacle, je me disais en hâtant le pas : « En voilà deux qui croient au Père Noël. Aujourd'hui c'est le grand amour mais dans sept ans elle foutra le camp avec un type ou alors c'est lui qui prendra une fille plus jeune... la jolie maison sera vendue et les enfants dispersés. »

Incontestablement, les mariages ne me mettent pas de bonne humeur et c'est sans doute parce que j'étais encore sous le coup de ma mauvaise humeur qu'un peu plus tard je me retrouve en train de faire la morale à Philippe, un des ingénieurs qui travaillent avec moi au laboratoire.

Alors que, près du bassin sur lequel je viens de lancer une maquette d'hélicoptère, je m'apprête à déclencher le fonctionnement des caméras électroniques qui filment le déroulement des expériences, Philippe s'approche de moi pour me demander l'adresse de Me Blady, un avocat en compagnie duquel il m'a croisé quelques jours auparavant. Philippe souhaite avoir son adresse parce que, me dit-il, ça ne va plus du tout avec sa femme et qu'il veut divorcer.

— Vous allez divorcer ? Quand l'avez-vous décidé ?

— Ça fait deux mois que j'y pense, mais déjà, l'année dernière...

Je l'interromps :

— À votre place, j'y regarderais à deux fois avant d'aller chez l'avocat. Vous avez une femme, elle m'a semblé très bien, vous avez un petit garçon. Non, je sais, tous les couples se séparent aujourd'hui, mais ce n'est pas une raison pour suivre la mode à tout prix. Qu'est-ce que vous voulez ? Votre liberté ? Et quand vous l'aurez, vous en ferez quoi ? Non, croyez-moi, attendez encore deux ou trois mois.

Philippe, intimidé peut-être par mon algarade inattendue, s'éloigne pour donner l'ordre à Denise de mettre en marche le dispositif qui crée les vagues sur le bassin.

Je reporte mon attention sur le petit hélicoptère qui lutte contre le mouvement des vagues, ballotté par la houle comme nous le sommes tous.

En quittant le laboratoire, ce soir-là, Philippe me rattrape alors que je suis sur le point de filer avec ma voiture : il veut m'inviter à prendre un verre avec trois aviateurs pour lesquels nous avons fait l'après-midi une démonstration de sortie de vrille dans la soufflerie verticale. Je refuse et, lorsque Philippe les a rejoints, je peux l'entendre leur dire :

— Il ne vient pas, j'en étais sûr. Vous ne verrez jamais ce type-là tolérer la compagnie des hommes après six heures du soir.

Mme Duteil travaille à domicile. Lorsqu'elle m'ouvre la porte, je suis surpris agréablement. C'est une femme soignée, coquette et souriante. Elle doit avoir une quarantaine d'années et me prie d'entrer rapidement afin qu'elle puisse refermer sa porte avant que son chat ne s'échappe.

— Cette petite bête ne tient pas en place, me dit-elle. C'est pour une thèse ?

— Non, non, ce n'est pas une thèse ; je ne suis pas de l'Université. C'est une sorte de manuscrit, éventuellement pour faire un livre.

— Ah bon, c'est un travail littéraire ? J'en ai déjà fait.

Mme Duteil prend le dossier que je lui tends, l'ouvre et commence à le feuilleter.

— Ah, il y a déjà une première frappe ?

— J'ai tapé moi-même, avec deux doigts, et je fais pas mal de fautes de frappe. Et puis je n'ai pas la patience de faire des doubles.

Mme Duteil constate qu'il n'y a que soixante pages.

— Ce sont les cinq premiers chapitres. Je vous apporterai le reste au fur et à mesure.

Mme Duteil me promet cette première livraison pour la fin de la semaine et m'indique ses conditions financières qui me semblent raisonnables, neuf francs par page.

Le chat blanc qui a tenté de s'enfuir est à présent bien installé sur un fauteuil, il nous observe en plissant les yeux.

4

Fabienne. Nicole. Encore ma mère. Et puis Liliane

Cet engagement que j'ai pris de livrer mon manuscrit à Mme Duteil au fur et à mesure stimule mon ardeur. Pas de femme chez moi ce soir, ma nouvelle maîtresse s'appelle Mademoiselle Underwood.

Ce soir je vais raconter Fabienne.

Elle fut une de mes premières maîtresses lorsque je suis venu m'installer à Montpellier. Elle enseignait le solfège au Conservatoire municipal.

C'était une belle jeune femme à la chevelure fauve, à la peau très blanche et aux yeux verts.

Avec Fabienne, nous étions d'accord sur presque tout. Elle me disait : « Au fond tu es plutôt gentil, très gentil même... si tu m'aimais un tout petit peu, tu serais parfait. »

Chacun de nous respectait la liberté de l'autre et, bien que notre liaison ait eu une certaine durée, nous nous sommes bien quittés.

J'arrête de taper une minute pour relire ce que j'ai écrit et je dois avouer que je suis en train de truquer : à vrai dire, Fabienne et moi, nous ne nous sommes pas tellement bien quittés.

Je retrouve à présent cette soirée pénible que je croyais avoir oubliée.

Avant l'arrivée de Fabienne, j'avais allumé un feu dans la cheminée, elles adorent toutes le feu de bois. Quelques heures plus tard, j'étais appuyé sur cette même cheminée, le feu était en train de mourir, et je venais d'appeler par téléphone un taxi pour Fabienne.

En attendant la réponse de la standardiste du service des taxis, je voyais dans la glace murale la jeune femme ajuster son corsage ; depuis quelque temps les belles jeunes femmes avaient abandonné l'usage du soutien-gorge.

Fabienne me rejoignit alors que l'on me confirmait qu'un taxi serait à ma porte dans quelques minutes.

Comme je caressais son visage, elle me dit :

— Tu sais, je peux rester si tu veux. Je pourrais dormir ici avec toi ?

— Non, je crois que c'est mieux comme ça.

Elle n'insista pas et se dirigea vers la porte où je la rejoignis :

— On se voit vendredi ?

L'humeur de Fabienne n'était plus la même. Elle me regarda très droit et m'annonça :

— Non. Je préfère pas. Je ne veux plus *vous* voir, Bertrand. Je sais bien que je ne t'apporte pas beaucoup mais, tout de même, c'est trop inégal, je suis fatiguée de ces rapports à sens unique.

— Tu as sûrement raison, tu es libre, je suis libre, tout le monde est libre.

Fabienne n'en avait pas fini avec moi, elle était décidée à me dire tout ce qu'elle avait sur le cœur :

— Je peux reconnaître une chose, continua-t-elle, c'est que tu ne fais même pas semblant de tenir à moi, tu es incroyable ! Non seulement tu ne veux pas aimer mais encore tu refuses qu'on t'aime. Tu crois que tu aimes l'amour mais ce n'est pas vrai, tu aimes *l'idée* de l'amour. Remarque, j'ai été heureuse avec toi ; tu te rappelles le deuxième soir quand tu m'as demandé : « À partir de maintenant est-ce que j'ai le droit de poser mes mains sur vous, est-ce que j'ai le droit de vous toucher partout, sous vos robes, sous vos jupes ? » J'étais stupéfaite, on ne m'avait jamais parlé comme ça.

Elle se tut une seconde et ajouta, comme pour elle-même :

— Je sais ce que j'aurais dû faire : ne rien te dire et garder cet enfant...

Je détournai le regard, Fabienne reprit avec dureté :

— Tu voudrais être ailleurs, hein ? Je m'en vais, ne t'en fais pas.

Elle s'interrompit pour vérifier sa chaussure, un caillou la gênait, puis elle reprit la parole mais avec plus de tristesse cette fois :

— Tu sais, Bertrand, j'ai fait souffrir un homme il y a cinq ans et je le regrette ; j'étais trop jeune pour comprendre. Maintenant, je suis sûre d'une chose : celui qui fait souffrir souffrira à son tour, j'en ai la certitude : tu souffriras, Bertrand.

— Qui te dit que ce n'est pas déjà fait ?

Elle secoua la tête :

— Non, je ne crois pas, tu ne serais pas si dur, tu saurais qu'il faut ménager les gens. Je ne suis pas fâchée contre toi, tu sais, mais je crois que c'est mieux pour moi d'arrêter maintenant. Embrasse-moi.

Alors que je l'embrassais dans le cou tendrement et qu'il m'était donc impossible de croiser son regard, elle ajouta à voix basse avant de se sauver :

— Vous êtes un imbécile. Je me caresserai en pensant à vous.

J'entendis le bruit de ses talons s'éloigner dans l'escalier. Aujourd'hui je dois reconnaître que Fabienne avait raison car, pour faire sa conquête je lui avais donné l'impression de vouloir entrer dans sa vie alors qu'il n'en était pas question. C'est une erreur que j'ai évité de commettre par la suite.

Après le départ de Fabienne, une fois de plus je me retrouvai seul, ce qui me convenait bien car j'ai toujours aimé la solitude. C'est pourtant la solitude qui m'amena deux jours plus tard dans ce cinéma où l'on projetait un film documentaire, moi qui n'ai toujours aimé que la fiction.

Ce soir-là, le spectacle était dans la salle.

L'ouvreuse qui plaçait les spectateurs avait de très jolies jambes et elle devait le savoir puisqu'elle s'obstinait à les éclairer au lieu de montrer le chemin. Je me demandais comment faire sa connaissance.

Deux jours plus tard, je revins dans le cinéma. C'était un samedi soir et, la salle étant archipleine, la belle ouvreuse me plaça sur un strapontin de service, exactement à côté d'elle.

J'étais conscient de bénéficier d'un de ces merveilleux hasards de la vie, d'une de ces coïncidences que les romanciers les plus désinvoltes n'oseraient pas inventer.

Lorsque le son du film documentaire s'affaiblissait et que ma belle ouvreuse croisait et décroisait les jambes, je pouvais entendre le frottement de ses bas l'un contre l'autre. Ce bruit furtif me procurait une exaltation qui me donna le courage de lui passer, dans le noir, un petit mot lui demandant un rendez-vous.

Lorsque j'osai regarder son visage après quelques minutes, je vis qu'elle me répondait par un signe d'acquiescement.

Ma belle ouvreuse était une jeune veuve. Est-ce la célébrité de l'opérette *La Veuve joyeuse*, mais le mot *veuve* a quelque chose de séduisant et d'intrigant pour l'esprit. Il faut ajouter à cela que Nicole était sourde et muette.

Le premier jour où elle me reçut chez elle, je jouais machinalement avec un poste à galène qui se trouvait là, elle me fit comprendre dans son langage manuel que c'était celui de son fils qui se trouvait en pension et qu'elle l'avait fait punir cette semaine afin de passer la journée avec moi.

Cette information cruelle me plongea dans la tristesse. Était-il décidément impossible d'éprouver du plaisir sans faire de la peine à quelqu'un ?

La mésaventure de cet enfant sacrifié me reportait loin en arrière, à la période la plus lamentable de ma propre jeunesse, lorsque ma mère me laissait seul plusieurs jours de suite pour aller rejoindre ses amants.

Ma mère tenait la comptabilité de ses amours.

Je me souviens de ce soir où je découvris des paquets de photos, de lettres et aussi un document troublant et instructif : la liste de ses aventures avec des noms, des prénoms et des dates.

Je me revois, debout en équilibre sur un tabouret, jetant un regard furtif derrière moi avant d'ouvrir maladroitement la valise posée sur le haut d'une armoire d'où s'échappent des feuilles et des photos qui glissent autour de mon corps.

Mais moi, Bertrand, fils de Christine Morane, trente ans après, que faisais-je d'autre, avec mes maîtresses innombrables, mes listes, mes tiroirs pleins de photographies ? Où s'arrêterait ma collection ?

Ce livre même que je suis en train d'écrire, qu'est-il d'autre qu'une liste détaillée ?

Certains des retours en arrière dans lesquels m'entraîne la rédaction de ce livre me donnent parfois le désir de renoncer.

Aujourd'hui, en arrivant au laboratoire, le sourire de Liliane, la gentille standardiste blonde, m'a poussé à reprendre la rédaction de mes souvenirs.

Une bonne relation existe entre Liliane et moi, qui remonte au temps où elle était serveuse dans un restaurant plutôt sinistre où j'allais parfois dîner le soir quand j'étais seul.

Dans ce restaurant fréquenté surtout par des habitués, il y avait ce soir un client nouveau : un petit bonhomme jovial qui, dans son désir de lier connaissance avec quelqu'un, racontait sa vie à qui voulait l'entendre.

C'est ainsi qu'il m'apprit qu'il avait cessé de fumer depuis deux mois et qu'il n'était que de passage à Montpellier. Mes réactions n'étant pas très encourageantes, il entreprit Liliane. Tandis que Liliane s'occupait de moi, entre autres pour me déconseiller à voix basse mais avec une grande conviction la blanquette de veau du chef qui sans doute ne devait pas être « du jour », le petit client pour attirer l'attention de l'aimable serveuse ne trouva rien de mieux que lui dénouer le nœud de son tablier.

La fine plaisanterie se répéta deux fois sans que Liliane réagît. La surprise fut donc générale lorsque, la troisième fois, la jeune femme se saisit du petit client et l'envoya voltiger dans les airs avant de le laisser retomber sur une table qui se brisa sous le choc.

Le patron du restaurant n'apprécia pas du tout la démonstration de judo donnée par Liliane et, s'approchant d'elle, il lui annonça qu'elle ne faisait plus partie de l'établissement.

Par chance, une place de standardiste était libre au laboratoire, je fus content de faire engager Liliane.

Elle n'a jamais été ma maîtresse : Liliane est l'exception qui confirme la règle ; elle est peut-être la preuve que l'amitié peut exister entre homme et femme.

5

Alors Delphine est sortie de prison ?

Lorsque j'ai repris mon travail ce matin, je ne me doutais pas qu'un événement nouveau me conduirait à raconter une aventure que j'avais jusqu'alors chassée de mon esprit.

J'étais dans le grand atelier vitré où se trouve le bassin qui sert aux essais d'hélicoptère et de bateau. Je travaillais sur une maquette de pétrolier à l'intérieur de laquelle un système électronique d'une grande précision était en voie d'installation. Je fus interrompu par Denise qui venait m'annoncer, avec des mines de conspirateur, qu'un type de la police me réclamait.

Le type de la police se tenait à l'autre bout du bassin. Surpris mais poli, je me dirigeai vers lui. Lorsque je l'eus rejoint, je l'entraînai dans le hall d'entrée du laboratoire.

L'inspecteur de police, un grand type, bâti comme un pilier d'équipe de rugby, m'annonça qu'il avait été chargé par la surveillance pénitentiaire de me prévenir que Mme Delphine Grézel était sortie de prison. Elle avait eu une remise de peine pour bonne conduite.

Delphine, paraît-il, parlait souvent de moi en prison et quelquefois sur un ton menaçant. Une gardienne de la prison l'avait entendue et l'on avait décidé de me mettre en garde. Voilà qui était fait.

L'inspecteur de police ayant rempli sa mission s'en alla, me laissant à mes souvenirs, et c'est avec impatience que j'attendis la fin de la journée le moment où je pourrais m'installer devant Mademoiselle Underwood et me replonger dans ce passé assez récent dont je n'avais rien oublié.

La première fois que j'ai vu Delphine, c'était dans un restaurant de l'arrière-pays.

C'était un petit restaurant à la mode, avec des bougies sur les tables et du Vivaldi qu'on peut entendre jusque dans les lavabos. Comme d'habitude lorsque je dîne seul, je procédai au recensement des femmes possibles.

Le coup d'œil circulaire que j'avais jeté autour de la salle se fixa bientôt sur la droite du restaurant. J'y avais repéré une belle femme en robe de soie noire. Elle était assise dos à moi et face à un homme d'une quarantaine d'années, son mari évidemment. On peut deviner quelles étaient mes pensées.

Le restaurant est un endroit merveilleux pour les amours commençantes, redoutable pour les couples officiels. Ces deux-là s'ennuient à mourir et ils n'osent pas le reconnaître. Puisque ce type est incapable de distraire sa femme, moi j'aimerais bien essayer.

Le mari impatient provoque un petit scandale en réclamant à haute voix des côtes d'agneau grillées qu'il attend, dit-il, depuis quarante minutes. Pendant que le maître d'hôtel essaie de le calmer, la belle femme se lève et je la suis des yeux. Elle traverse le restaurant, marque un temps d'arrêt au pied de l'escalier en colimaçon qui mène sans doute aux toilettes situées à l'étage supérieur et, avant de gravir les marches, elle jette un regard en arrière qui m'a semblé s'attarder un moment sur moi.

Pendant son absence, les côtes d'agneau arrivent enfin ; cependant le mari, après un moment d'hésitation, renonce à commencer en l'absence de sa femme.

Elle redescend maintenant et je peux regarder ses longues jambes claires, puis sa robe qui bouge au rythme de ses pas, puis son fin visage et son regard grave.

Ce qui m'a d'abord séduit en Delphine c'est sa façon de bouger, de se déplacer, comme une algue marine.

Elle ne ressemblait vraiment pas à une femme qui se retrouverait un jour les menottes aux poignets, entre deux gendarmes !

Pour le moment elle rejoint son mari qui semble assez satisfait de pouvoir enfin calmer son appétit.

Delphine, elle, ne mange pas. Elle a senti l'attention que je lui porte et m'adresse en retour quelques regards qui sont pour moi comme une promesse de complicité. Oui, décidément cette promesse est une certitude. Je demande l'addition.

Après avoir quitté le restaurant, je reste un certain temps

au volant de ma voiture, fumant cigarette sur cigarette et surveillant la porte du restaurant.

Finalement, Delphine et son mari apparaissent. Ils rejoignent leur voiture et démarrent. Moi, je les prends en filature.

Dix minutes et quelques kilomètres plus tard, leur voiture s'arrête devant un immeuble élégant du centre de Montpellier. Je me suis garé pas très loin et j'ai pu voir le couple quitter la voiture et disparaître dans le hall largement vitré et éclairé, puis dans l'ascenseur. À cette heure tardive, il est hors de question d'aller interroger le gardien de l'immeuble pour obtenir le nom du propriétaire de l'automobile : en attendant je décide d'aller examiner celle-ci. Sur le pare-brise j'ai la surprise de découvrir un caducée. Le propriétaire de la voiture est donc médecin.

Muni de cette information et de l'adresse, je me précipite dans la cabine téléphonique du café le plus proche et j'ai vite fait de trouver le renseignement désiré dans un Bottin.

Décidé à pousser ma chance, je compose aussitôt le numéro de téléphone du Dr Grézel, c'est la voix de Delphine qui me répond. Je lui avoue que je l'ai suivie depuis le restaurant et demande à lui parler immédiatement.

— Mais d'où téléphonez-vous ? me demande-t-elle.

— Je suis dans un café, juste en face de chez vous. Écoutez-moi bien. Je vous demande de descendre me rejoindre, oui, ne serait-ce que cinq minutes. C'est très important. Trouvez un prétexte pour ressortir.

Delphine proteste :

— Vous n'y pensez pas. Quelle heure est-il ?

— Quelle heure est-il ? Onze heures vingt, alors vous venez ?

— Je ne sais pas. Venez dans l'escalier. Ne prenez pas l'ascenseur. Attendez au troisième. Je ne promets rien.

Je n'en espérais pas tant, je n'en demandais pas plus. J'étais déjà dans l'escalier, montant les marches deux par deux. Avant d'arriver au troisième étage, j'entends la voix de Delphine expliquant à son mari qu'elle redescend chercher son sac à main qu'elle a oublié dans la voiture, qu'elle rangera dans le parking par la même occasion. Puis je vois son ombre découpée par le rectangle lumineux de la porte de son appartement et enfin Delphine est près de moi. Sans me laisser le temps de dire un mot elle m'entraîne non sans avoir protesté avec une totale mauvaise foi.

— Qui êtes-vous, que faites-vous là ? Pour qui me prenez-vous ? Ne restons pas ici !

Sur le trottoir, elle hésite à peine avant d'accepter de monter dans ma voiture.

Nous roulons depuis quelques minutes sans parler lorsque Delphine déclare sans douceur aucune :

— J'espère que vous vous rendez compte que je suis ici contre ma volonté ?

Je reste sans voix, elle ajoute alors :

— Si, si, je veux uniquement éviter le scandale dans ce quartier où mon mari est très connu.

— On pourrait prendre un verre chez moi, je suis à cinq minutes, lui dis-je.

Je guette sa réaction.

— Oui, très bien, allons chez vous.

Delphine, à ma surprise, accepte avec un charmant sourire. Quelques secondes de silence et elle reprend la parole, mais avec une voix beaucoup moins charmante :

— Vous n'imaginez tout de même pas que vous allez me faire boire ?

— Vous boirez ce que vous voulez. J'ai aussi des jus de fruits, de l'eau minérale.

Nouveau silence.

— De quel signe êtes-vous ? me demande soudain Delphine.

Elle voit que je n'ai pas compris, elle insiste :

— Votre signe du Zodiaque ?

— Verseau, dis-je.

— Faites demi-tour immédiatement s'il vous plaît ! Ramenez-moi chez moi. On m'a toujours dit de me méfier des Verseau.

Il ne me reste qu'à obtempérer.

Devant l'immeuble de Delphine, je contourne ma voiture pour lui ouvrir la portière.

— Bon, eh bien, vous voilà chez vous. Je vous laisse, lui dis-je.

Une fois encore, Delphine va me surprendre.

— Vous savez ce qui serait gentil ? Je vais ranger la voiture de mon mari dans le parking. Vous pourriez m'accompagner parce que l'endroit n'est pas sûr la nuit.

Ayant accepté l'idée d'avoir perdu ma soirée pour une demi-folle dont je n'obtiendrai rien, je ne vois aucune raison de lui refuser le service qu'elle me demande.

La voiture à peine garée, je m'apprête à la quitter mais, alors que je vais ouvrir la portière, Delphine me retient :

— Attendez. J'ai tout de même le droit de savoir : pourquoi avez-vous fait tout ça ?

— Eh bien, c'est très simple. Je vous ai vue dans ce restaurant, je vous ai trouvée très belle, je ne pouvais plus détacher mon regard et, vous-même, vous m'avez regardé plusieurs fois. J'y ai vu un encouragement.

Tandis que je parle, la surprise la mieux jouée se peint sur le visage de Delphine :

— Alors vous dites que je vous ai regardé, moi, dans le restaurant ? Je ne vous ai même pas vu ! Où étiez-vous ?

Cette fois, c'en est trop et j'explose :

— Écoutez, vous ne pouvez pas dire que vous ne m'avez pas regardé ! Même si je me suis trompé sur ce que ça voulait dire, vous ne pouvez pas dire ça ! Oh, et puis c'est inutile de vous convaincre, je m'en vais.

Mais je ne suis pas parti. Le regard que Delphine me lance et la douceur de sa voix lorsqu'elle me dit : « Alors je ne vous plais plus du tout ? » arrêtent ma colère.

Je reste immobile, ne sachant plus ce qu'elle attend de moi ; les phares d'une voiture qui vient se garer dans le parking balayent de leurs lumières parallèles le coin sombre où nous sommes.

Delphine me saisit par les épaules et me force à me dissimuler en appuyant ma tête sur ses genoux.

Elle chuchote :

— Attention, c'est la voiture de mon voisin de palier, il ne faut pas qu'on vous voie avec moi. Cachez-vous.

Ces quelques secondes pendant lesquelles la voiture disparaît suffisent à transformer radicalement mes relations avec Delphine. Lorsque je me relève elle me prend dans ses bras et commence à m'embrasser avec une fougue à laquelle je ne suis pas long à répondre, tandis qu'elle murmure :

— Je vous ai tout de suite remarqué dans le restaurant.

Quand j'ai quitté la table pour monter au premier, c'était pour que vous me regardiez.

Puis elle fait basculer les sièges de la voiture et nous nous retrouvons dans les bras l'un de l'autre.

J'avais mis un certain temps à comprendre ce que voulait Delphine. Ce qui lui plaisait, ce qu'il lui fallait c'était m'entraîner dans des situations précaires, dangereuses, avec le risque de se faire surprendre. Chaque fois que nous venions de faire l'amour, sous une porte cochère, dans un jardin public ou dans sa voiture et qu'elle venait de me donner les signes du plus grand abandon, soudainement elle se reprenait et me disait en ébouriffant ses cheveux :

— Mon Dieu, est-ce bien raisonnable ?

Au début de nos relations je la crus complaisante, puis je la crus jalouse, en réalité les deux choses étaient vraies.

Si une jolie fille marchait dans notre direction elle m'invitait à la regarder et je me souviens fort bien de ce jour de printemps où nous nous dirigions vers un hôtel dans lequel Delphine acceptait de me rencontrer alors qu'elle refusait obstinément de venir chez moi. Il faisait doux, Delphine semblait d'une humeur délicieuse ; aussi, lorsqu'elle me désigna une jeune fille toute bouclée qui avançait dans notre direction en me disant : « Elle est ravissante cette jeune fille, très gracieuse, tu ne trouves pas ? » je ne crus pas mal faire en acquiesçant et en me retournant pour la suivre un instant des yeux. Mal m'en prit. Delphine me rappela à l'ordre en m'envoyant une solide bourrade dans les côtes.

— Espèce de dégoûtant, elle vous plaît, hein ? Qu'est-ce que vous attendez pour me laisser là et courir après elle ?

Je savais qu'il était inutile de protester. Ce jour-là, en guise de représailles, Delphine me précéda dans l'escalier de l'hôtel en précisant :

— Je passe devant, mais je vous interdis de regarder mes jambes !

On dit que l'amour donne des couleurs mais dans le cas de Delphine cela prenait des proportions telles qu'elle ne pouvait rentrer chez elle avant un long moment. Nous avions remarqué que le seul moyen de remettre son visage en état était de prendre l'air à la portière de la voiture en roulant à cent vingt kilomètres à l'heure.

J'étais quelquefois inquiet de la tournure que prenait cette nouvelle liaison, mais en la regardant sourire, ses cheveux décoiffés par le vent, je savais bien pourquoi j'hésitais à rompre : Delphine était réellement ravissante.

Vingt fois, je lui ai proposé de venir chez moi : c'eût été trop simple pour son esprit compliqué. Elle préférait choisir le moment, l'endroit et la manière.

C'est ainsi qu'un après-midi, j'avais arrêté ma voiture dans le parking souterrain d'un grand magasin. Delphine semblait surtout d'humeur à bavarder :

— Vous souvenez-vous de notre première rencontre dans le restaurant ? Quand j'y repense, ce que vous pouviez avoir l'air pitoyable, dînant tout seul, avec votre journal en face de vous !

— Je n'étais pas à plaindre du tout, j'aime beaucoup être seul, même au restaurant, et de toute façon j'adore lire.

— Qu'est-ce que vous aimez le mieux ? Lire ou m'embrasser ?

Delphine avait déjà fait basculer les sièges de la voiture et se pressait contre moi. Je fus d'autant plus surpris lorsqu'elle m'annonça de but en blanc :

— Je suis inquiète, j'ai l'impression que Maurice se doute de quelque chose. Il a trouvé votre cravate sous mon oreiller.

— Ma cravate ? Celle que j'avais perdue pendant votre essayage ?

— Oui, c'est moi qui l'avais prise.

— Mais vous avez bien vu que je la cherchais partout !

Mon indignation ne la troubla pas du tout, elle m'expliqua gentiment qu'il ne fallait pas me fâcher.

— J'ai fait ça pour avoir quelque chose de vous, quelque chose que je puisse toucher la nuit, en dormant...

Delphine se révélait décidément trop dangereuse. Sentant que je me détachais d'elle, elle commença à me harceler de toutes les façons. Un soir que je rentrais du cinéma, j'aperçus une forme noire sur le palier de mon étage... En m'approchant, je reconnus Delphine : elle était habillée d'une robe longue, de dentelle noire, et elle dormait, allongée à même le sol. En la secouant légèrement pour la réveiller, je découvris un revolver sur le sol.

— Qu'est-ce que vous faites là ?

— Je me suis endormie en vous attendant.

— Mais vous êtes là depuis combien de temps ? Et qu'est-ce que c'est que cela, c'est à vous ? ajoutai-je en lui tendant le revolver.

— Je ne sais pas. Ça a dû tomber de mon sac. On n'a pas voulu m'ouvrir.

La situation était ridicule, je tentai de le lui faire comprendre.

— Ce n'est pas qu'*on* n'a pas voulu vous ouvrir, il n'y a *personne* dans l'appartement.

— Ne dites pas n'importe quoi, j'ai très bien entendu une femme qui circulait.

J'avais tout de même réussi à ce que Delphine se relève et je l'entraînai vers mon appartement. Je pus lui prouver que la porte était fermée à double tour.

— Elle a dû fermer de l'intérieur, me dit-elle avec sa voix des mauvais jours.

Je la suivis tandis qu'elle visitait tout l'appartement : la cuisine, la salle de bains, la chambre, le salon, sans bien entendu y trouver qui que ce soit. Je triomphai :

— Vous voyez bien qu'il n'y a personne !

C'est une Delphine charme et douceur qui s'approchait maintenant de moi et qui me murmurait :

— Oui, c'est vrai. J'étais inquiète parce que ça fait huit jours que tu ne m'as pas caressé les jambes.

— Mais enfin, Delphine, c'est vous-même qui m'avez interdit de...

Et alors, vous croyez tout ce qu'on vous dit ?

Lorsque l'humeur de Delphine était joyeuse, ce qui était le cas pour le moment, elle était vraiment irrésistible. Je fis asseoir mon amie sur le canapé et caressai ses épaules que j'aimais beaucoup.

Mais Delphine avait déjà cessé de s'intéresser à moi et c'était maintenant mon mobilier qui la préoccupait :

— Tu ne crois pas que tu devrais changer ce canapé ? Il commence à se faire vieux. En vérité, il est dans un état lamentable, les ressorts sont complètement défoncés, c'est révoltant !

Sur ce dernier mot, Delphine s'était arrachée de mes bras, relevée, et circulait dans la pièce comme une forcenée :

— Quand je pense à tout ce que vous avez dû faire sur ce canapé, c'est une pitié. Ne niez pas. J'en étais sûre. Pourquoi croyez-vous que je ne voulais pas mettre les pieds dans cet appartement ? Vous me dégoûtez. Vous êtes à plaindre.

Je tentais de faire face :

— Vous exagérez, je reçois des amis, ils s'assoient sur ce canapé.

— Ce n'est pas vrai. Vous n'avez pas d'amis, vous n'avez que des maîtresses, toutes vos amies sont d'anciennes maîtresses. Je suis sûre que, si ce canapé pouvait parler, il réciterait tout l'annuaire du département de l'Hérault !

— Mais enfin, Delphine, je ne comprends pas ce qui vous pousse à vous mettre dans des états pareils.

J'étais hélas bien incapable de rester en colère contre Delphine : elle s'était immobilisée dans un coin de la pièce avec sur le visage un air si malheureux que je m'approchai d'elle, la pris dans mes bras et lui parlai avec douceur :

— Cela fait trois mois que j'essaie de vous faire venir chez moi. Maintenant vous y êtes, je suis content.

Delphine se serra contre moi :

— C'est vrai ?

— Bien sûr que c'est vrai, lui dis-je en lui caressant les cheveux.

Tandis que je l'entraînais vers ma chambre, elle ajouta d'une voix très calme :

— Je sais pourquoi vous me fuyez, c'est parce que je vous aime trop. Les hommes n'aiment pas qu'on les aime physiquement.

Depuis longtemps je faisais en sorte qu'aucune femme ne passe la nuit entière dans mon lit et voici que ce matin je venais de me réveiller à côté de Delphine. Je savais bien que seule sa jalousie qui ne connaissait pas de limites l'avait amenée chez moi, mais à présent, en l'entendant chantonner dans l'appartement, je me disais que nous étions enfin arrivés à des relations simples et harmonieuses.

Ces réflexions, je les faisais tout en commençant à parcourir un livre que je venais de recevoir et en attendant de prendre le petit déjeuner avec Delphine. J'étais assis en robe de chambre sur le fameux canapé. Elle entra dans la pièce, souriante, et déposa le plateau avec les tasses et la théière sur la table basse.

— Qu'est-ce que tu lis ? me demanda-t-elle en passant près de moi.

Je lui présentai la couverture du livre afin qu'elle pût en lire le titre.

Elle me demanda si c'était intéressant, je répondis que oui ; ces trois répliques anodines me paraissaient avoir réglé la question mais Delphine repartait à l'attaque :

— Eh bien moi, je le trouve complètement nul, ce livre !

— Pourquoi dis-tu cela ? Tu ne l'as même pas lu !

— Comment le sais-tu, tu me prends pour une analphabète ?

— Ce que je veux dire, c'est que le livre vient d'être publié cette semaine, il n'est arrivé qu'hier à Montpellier, je le sais, je l'avais commandé, j'étais impatient de le lire.

— Tu mens comme un arracheur de dents, d'ailleurs tu ne lis pas, tu fais semblant, tu lis uniquement pour m'embêter, tu lis *contre* moi. Pour ne pas avoir à me parler. Tiens, tu me dégoûtes !

Et pour bien me prouver la sincérité de ses sentiments, Delphine m'arracha le livre des mains et l'expédia par la fenêtre ouverte.

Je fris donc obligé de sortir dans la rue, en pyjama, pour récupérer mon livre.

À la question que Delphine m'avait posée :

« Si j'étais libre, est-ce que tu accepterais de vivre avec moi ? », j'avais eu la lâcheté de répondre oui. Eh bien, le soir même elle était libre puisqu'elle avait tiré un coup de revolver sur son mari mais le lendemain elle ne l'était plus car elle entrait en prison.

Le mari de Delphine n'était heureusement que blessé mais la justice suivait son cours et je tentai de chasser de mon esprit la part de responsabilité que j'avais dans ce fait divers passionnel.

6

Dix de retrouvées : Yannick. Maïté. Alphonsine. Lucette. Évelyne... Un cauchemar. Aurore dans la nuit

La rédaction de mon aventure avec Delphine, cette grande amoureuse de mauvaise foi, m'a replongé dans les sentiments contradictoires que j'avais éprouvés pendant son déroulement. M'étant arrêté d'écrire, je cherche dans mon tiroir à souvenirs les quelques photos que j'ai conservées de Delphine et c'est ainsi que je retrouve l'article que le *Midi Libre* avait consacré à son arrestation et la photographie de Delphine, encadrée par deux agents de police, entrant en prison.

Après l'arrestation de Delphine, je traversai une période sombre, oui, sombre et chaste. Delphine m'avait rendu la vie difficile mais en même temps elle l'avait rendue passionnante. Delphine avait le don d'intensifier la vie et, aujourd'hui qu'elle n'était plus là à me tourmenter, je ressentais un grand vide : même ses scènes de jalousie me manquaient et je devais enfin m'avouer la chose essentielle : avec Delphine je ne m'étais jamais ennuyé !

Parce qu'elle était toutes les femmes à la fois, Delphine n'était pas remplaçable par une seule. C'est pourquoi j'entrepris de mener de front plusieurs aventures sans conséquence mais dont certaines me laissent un bon souvenir.

C'est ainsi qu'en peu de temps se sont succédé dans ma vie Yannick, une grande fille que j'aimais regarder lorsqu'elle ramenait ses cheveux au-dessus de la tête ; cette coiffure en chignon lui donnait la migraine mais, pour me faire plaisir, elle acceptait de la garder une heure ou deux.

Maïté était une jolie rousse dont je fis la connaissance après l'avoir aperçue plusieurs fois lisant à sa fenêtre. Maintenant que j'écris ce livre, je comprends que ce qui m'a attiré vers elle c'était justement de la voir lire.

Alphonsine était une très jolie Vietnamienne que j'avais rencontrée dans une fête foraine. Elle était la vedette d'une attraction bizarre ; allongée dans un cercueil équipé d'un jeu de glaces, elle donnait l'impression de révéler son squelette ; elle précisait avec fierté que son numéro était si bien truqué que même des médecins y croyaient.

Lucette était une grande bringue ravissante avec un visage 1900 farouche et grave. Elle détestait son nez et parlait constamment de le faire opérer ; non sans mal je réussis à l'en dissuader.

Évelyne pensait que je me jetais sur elle avec trop d'impatience quand elle venait chez moi. Un jour, elle me fit la surprise d'arriver dans une robe qu'elle avait héritée de sa marraine, tout en boutons de porcelaine. Il me fallut treize minutes pour libérer le corps d'Évelyne de tous ces boutons. Je les ai comptés : il y en avait cent trente-sept.

Depuis que j'ai commencé à écrire mes souvenirs, je dors mal. La nuit dernière j'ai fait un rêve désagréable et dont je sens, bien que je sois incapable de l'interpréter, qu'il a sa place dans ce livre.

Je marchais comme un automate dans la ville déserte inondée de soleil, sans rencontrer âme qui vive. Arrivant devant la boutique de lingerie d'Hélène, je m'arrêtai, cherchant à apercevoir la belle marchande.

Lorsque je la vis, mon regard croisa le sien mais elle paraissait ne pas me voir : elle s'intéressait à un autre homme !

Cet homme était un mannequin de cire : il était habillé d'un smoking et une écharpe de soie blanche entourait son cou. Les mains d'Hélène caressèrent l'écharpe puis, descendant le long du corps, s'attardèrent sur la cheville du mannequin dont elle ajusta les fines chaussettes de soie noire à l'aide de supports-chaussettes. Ce spectacle insolite avait peu à peu attiré l'attention de tout un groupe de femmes qui s'étaient arrêtées derrière la vitrine opposée. Tous ces visages de femmes riant et bavardant sans que je puisse les entendre m'étaient connus : certaines avaient été mes maîtresses, d'autres pas mais toutes avaient un jour attiré ma curiosité ou éveillé mon intérêt. Je regardai encore une fois le mannequin que les mains d'Hélène étaient en train de parer et c'est alors que je m'aperçus qu'il avait *mon visage*[1].

La sonnerie du téléphone m'arrache à cet étrange cauchemar, bien que j'aie lu quelque part qu'un rêve qui nous paraît long peut s'inscrire dans une durée réelle très courte, par exemple trois coups frappés à la porte de notre chambre ou bien, justement, une sonnerie de téléphone.

J'allume la lumière en tâtonnant et, tout en décrochant le téléphone, je jette un coup d'œil machinal à mon réveil-radio : il marque trois heures trente. Pourtant c'est la voix d'Aurore qui me parle :

— Allô ! Debout paresseux, il est sept heures.

— Mon Dieu, c'est impossible. Mon réveil a dû s'arrêter au milieu de la nuit !

Aurore me rassure aussitôt :

— Non, il est *vraiment* trois heures et demie, mais j'ai eu envie de vous parler en pleine nuit, parce que c'était possible, je suis seule de garde cette nuit. Vous êtes fâché, vous voulez que je raccroche ?

— Non, surtout pas, vous avez eu une très bonne idée.

Aurore me demande alors une chose surprenante :

— Éteignez la lumière, j'ai envie de vous parler dans le noir. Vous n'aurez qu'à raccrocher ou vous endormir quand vous en aurez assez de m'entendre. Ça y est, vous avez éteint ?

Oui, bien sûr, j'ai éteint la lampe de chevet, et c'est à peine éclairé par la lueur de mon réveil-radio que j'écoute la voix d'Aurore me parler doucement.

— Ne me demandez rien, dit-elle, j'ai eu envie, c'est tout. Vous êtes seul ?

Oui, je suis seul.

— Vous savez, moi aussi je suis presque dans le noir, j'ai tout éteint. Il reste juste les points lumineux du standard.

Profondément troublé, je lui demande de venir chez moi, cette nuit même.

— Mais je suis venue, me dit-elle, un peu après minuit, avant de prendre mon service. J'ai gratté doucement à la porte

1. Cette scène de cauchemar est située, dans le film, un peu plus avant dans l'action.

deux ou trois fois mais, comme vous n'avez pas répondu, je suis repartie.

— Mais enfin c'est inconcevable, il fallait sonner, vous n'avez pas vu la sonnette ?

— Bien sûr, j'ai vu la sonnette mais je n'ai pas sonné parce que je suis timide.

J'ai bien failli la croire et le lui dis.

— Vous voulez d'autres preuves ? me propose-t-elle, vous habitez 12, rue des Peupliers, un immeuble ancien, au quatrième étage et il y a une verrière sur le palier.

Je dois admettre qu'elle est réellement venue.

— Oui. Je n'ai pas sonné mais j'ai gratté. J'avais peur que la sonnerie ne fasse trop de bruit. Je déteste le bruit et je déteste la lumière, alors écoutez-moi bien : un jour, ou plutôt un soir, si je reviens chez vous, vous m'entendrez gratter, ne faites pas de bruit, ne prononcez pas une parole, éteignez partout... d'accord ?

Bien sûr que je suis d'accord, mais pourquoi ne pas prendre rendez-vous tout de suite ? Comme elle ne répond pas, je deviens inquiet.

— Vous êtes toujours là ?

— Oui, je vous écoute respirer. Écoutez-moi aussi.

J'écoute son souffle un moment.

— Vos lèvres sont trop loin, approchez-les de l'appareil, reprend-elle.

Je lui obéis, nous nous taisons encore un long moment.

— C'est fantastique, murmure Aurore.

Ce jeu étrange qu'elle a choisi de jouer avec moi dans le noir exaspère la curiosité que j'ai d'elle.

— Répondez-moi, pourquoi êtes-vous venue ici ?

— Je vous l'ai dit, parce que j'en ai eu envie.

— Écoutez, Aurore, ça ne peut plus durer, je veux que vous me donniez rendez-vous, n'importe où, n'importe quand...

— Et si je vous déçois ?

— Ça me regarde.

— Dites donc, ça me regarde aussi. Et je ne suis même pas sûre que vous sauriez me reconnaître.

Aurore se moque de moi, je tente de la prendre en défaut.

— Mais vous, comment me reconnaîtrez-vous ?

— Vous êtes de taille moyenne, mince, très brun, le visage un peu creusé, l'air ténébreux. Vous bougez la tête comme un oiseau de nuit. Quand vous marchez dans la rue, vous avez toujours l'air préoccupé et parfois vous avez le regard d'un assassin !

Aurore n'a pas fini de me surprendre, elle enchaîne :

— Autant vous prévenir tout de suite que je sais tout sur vous. Il y a des quantités de femmes qui défilent dans votre appartement, presque jamais les mêmes, c'est scandaleux.

Je tente de l'interrompre, elle me coupe la parole :

— Vous voulez que je vous dise leurs noms ?

Clic. Aurore a raccroché.

Parlerai-je d'Aurore dans mon livre ? Peut-être. Décidément le récit de mes batailles amoureuses comportera plus de défaites que de victoires.

7

La petite Juliette. Toujours ma mère.
Delphine : finie la jalousie.
Adieu, Aurore

C'était dans le hall d'entrée d'un de ces immeubles anciens qui font le charme de Montpellier. J'allais à un rendez-vous professionnel. En bas d'un grand escalier menant aux étages supérieurs était assise une petite fille. Après quelques marches je me rendis compte qu'elle pleurait. Je revins sur mes pas et m'assis près d'elle. Je ne pouvais voir son visage qu'elle cachait dans ses mains, seulement sa chevelure brune et la gracieuse robe rouge qu'elle portait. J'eus envie de savoir ce qui pouvait provoquer un si gros chagrin chez une si petite fille.

— Eh bien, que se passe-t-il, pourquoi pleures-tu ? Si j'avais une belle robe rouge comme toi, je ne pleurerais sûrement pas.

Elle releva son visage vers moi et me répondit avec une gravité sévère :

— Ma sœur ne veut pas me laisser jouer avec ses patins. Je la déteste. Des fois, je ne veux plus qu'elle soit ma sœur.

Comme elle continuait de pleurer, je tentai une diversion :

— C'est dommage de pleurer comme ça ! Je suis sûr que tu es très malheureuse, mais quand même, je ne sais si j'ai raison, il me semble que pleurer, cela fait un petit plaisir, dis-moi ?

— Non, c'est pas vrai.

J'insistai :

— Réfléchis bien à ce que tu sens ; au fond de toi, tu pleures, tu es très malheureuse mais tout en pleurant tu sens un petit plaisir, ce n'est pas vrai ?

Cette fois, la petite ne put s'empêcher de sourire et de passer aux aveux :

— Oui, c'est vrai, ça fait un petit plaisir.

Elle avait sur ses genoux un livre qu'elle me laissa regarder : *Le Retour de Fantômette*. Le volume était soigneusement couvert d'une feuille de papier journal destinée à le protéger et je félicitai ma nouvelle amie de son amour pour les livres. Avant de la quitter, je lui demandai :

— Quel âge as-tu ?

— Neuf ans.

— Tu es impatiente d'être plus grande ?

Elle fit signe que oui.

— Quel âge aimerais-tu avoir ?

Elle réfléchit avant de répondre avec sérieux :

— Je voudrais avoir dix-sept ans.

— Tu as neuf ans, tu auras dix-sept ans dans huit ans, en 1985, oui, c'est ça...

En la quittant, je me sentis rêveur, j'avais l'impression d'avoir pris une sorte de rendez-vous, une option sur l'avenir. On ne sait jamais.

Moi aussi, à l'âge de Juliette, je soignais, protégeais et couvrais mes livres.

C'est certainement à ma mère que je suis redevable d'avoir très tôt aimé la lecture. Une fois pour toutes elle m'avait interdit de jouer, de bouger ou même d'éternuer. Je ne devais pas quitter la chaise qui m'était allouée mais par contre je pouvais lire à volonté à condition de tourner les pages sans faire de bruit.

Ma mère avait l'habitude de se promener à demi nue devant moi, non pour me provoquer évidemment mais plutôt, je suppose, pour se confirmer à elle-même que je n'existais pas.

En me donnant à poster sa correspondance amoureuse, elle me témoignait une confiance que je ne méritais pas puisque ses lettres parvenaient rarement à destination.

En effet, à peine dans la rue, j'ouvrais les lettres que je parcourais avant de les jeter dans une bouche d'égout proche de la poste.

Je me souviens particulièrement de l'une d'elles dont le contenu m'avait amusé : « Mon amour, je ne comprends rien à ton silence. Je n'ai reçu aucune lettre de toi depuis deux semaines, je me demande si les miennes te parviennent. Décidément, les mystères de la poste sont insondables. »

Comme les autres, cette lettre aboutit dans un égout... insondable.

Hier je me trouvais chez moi, pas seul.

En allant chercher quelque chose à boire à la cuisine, une surprise m'attendait : Delphine, souriante, malicieuse, et qui ne voulut jamais me dire comment elle était entrée.

Je l'avais prise dans mes bras avec toute la tendresse réelle que je ressentais en la retrouvant, puis je m'étais reculé pour mieux la voir. Comme elle avait changé ! Elle était vêtue d'un imperméable gris souple, les cheveux ramenés sous un chapeau de détective américain. Son regard était plus clair que je ne l'avais jamais connu et son visage plus détendu.

— J'allais repartir, me dit-elle, j'ai entendu qu'il y a quelqu'un avec toi.

— Oui, il y a quelqu'un.

— Je voulais te faire une surprise. Aujourd'hui c'est mon anniversaire, je détesterais être toute seule un soir pareil. Et puis, regarde, j'avais apporté quelque chose.

Elle me tendit une bouteille de champagne et ajouta en souriant :

— Tiens, ouvre-la. On boit un verre et je me sauve.

Pendant que je débouchais la bouteille, elle raconta :

— Tu sais, j'ai beaucoup changé en prison ; pour rien au monde je ne voudrais y retourner mais j'y ai vraiment appris à aimer la vie. Quand tu es là-dedans, enfermée toute la journée, eh bien, tu mesures ce qui est important et ce qui ne l'est pas. On a envie d'une seule chose, être dehors et se balader ; le reste, tout le reste, des détails. Quand je pense aux histoires que j'ai pu te faire... (Elle se mit à rire.) J'ai beaucoup changé, tu sais ; au fond, avoue que j'étais une emmerdeuse !

Je lui tendis une coupe de champagne en protestant :

— Non, non, pas du tout, je t'ai toujours trouvée charmante.

La voix de Bernadette (car c'était en effet la gentille hôtesse de *Midi-Car* qui me tenait compagnie ce soir-là) me rappela sa présence que je n'étais pas loin d'avoir oubliée.

Delphine prit tout à coup une décision et quitta la cuisine avant que j'aie pu faire un geste pour la retenir, en me disant :

— Laisse-moi faire. Je vais porter un verre de champagne à ton amie.

J'étais un peu inquiet mais bientôt les rires mêlés des deux femmes me rassurèrent. Je sortis de la cuisine pour les rejoindre.

Comment décrire ce qui suivit dans le salon, entre nous trois, devant le feu de bois ? Aucun de nous n'était possessif, aucun de nous n'était exclusif ni exclu. Nos visages ne montraient que du plaisir et de l'harmonie, nous échangions des regards étonnés, audacieux et contents.

Et je garderai le souvenir du visage de Delphine souriant doucement à la lueur du feu de bois, nous embrassant à tour de rôle puis se reculant pour nous regarder, en disant :

— C'est merveilleux de ne plus être jalouse.

Le lendemain matin, alors que je me préparais à me rendre au laboratoire et que j'étais déjà installé au volant de ma voiture, un petit garçon d'une dizaine d'années frappa à ma portière et me remit un petit mot plié en quatre. Il ne prononça pas une parole et se sauva aussitôt en courant pour rejoindre plus bas, sur le trottoir, une femme qui s'éloignait, tenant par la main une petite fille.

Je dépliai le mot et lus :

« Debout, paresseux. Adieu, Bertrand. »

Le mot était signé « Aurore ».

Je sortis de ma voiture et restai immobile sur la chaussée, regardant Aurore tourner le coin de la rue, encadrée par ses deux enfants.

Elle me jeta un regard en arrière avant de disparaître mais je savais maintenant que notre histoire était finie puisqu'il y avait désormais des visages derrière nos voix.

Notre aventure ne pouvait être que téléphonique et imaginative. Aurore, mère de famille, l'avait compris avant moi puisqu'elle avait refusé la rencontre et donné le signal de l'adieu.

8

Le Dr Bicard m'encourage.
Mme Duteil me décourage.
Je cravache pour arriver au mot « FIN ».

Le Dr Bicard, urologue, est un de ces vieux spécialistes avec lesquels l'on se sent aussitôt en confiance.

L'examen est rapide et il procède lui-même à une petite analyse qui confirme ses soupçons et les miens.

— Depuis combien de temps sentiez-vous cette brûlure ?

— Depuis hier.

— Vous avez eu raison de ne pas attendre, ce n'est pas la peine d'avoir mal inutilement.

Il est maintenant retourné s'asseoir derrière son grand bureau surchargé de papiers dans le cabinet contigu à la petite salle d'examen que nous venons de quitter.

— En somme c'est une blennorragie, une petite infection, cela disparaîtra en trois jours. Je vais vous faire l'ordonnance.

Tout en commençant à l'écrire, il me demande soudainement :

— Vous connaissez la personne qui vous a contaminé ?

Je fais un signe négatif.

— Peut-être même que, si vous le saviez, vous ne voudriez pas me le dire ? Tout de même, réfléchissez aux rapports que vous avez eus depuis dix, douze jours, et dites à la personne qu'elle aurait tout avantage à se faire soigner. Ça se propage ces choses-là, ça se propage...

Au risque de le choquer, je lui réponds :

— Docteur, à vrai dire, depuis douze jours, j'ai eu des rapports avec une demi-douzaine de femmes.

Ma franchise le fait rire :

— Eh bien, vous, si vous n'aimez pas les femmes, on vous donnera autre chose ! Tout de même ! Quelle jeunesse, quelle santé, encore que... voyez maintenant ! Moi aussi, quand j'étais jeune, j'étais comme vous. On ne m'avait jamais laissé manger une tablette entière de chocolat, cela me mettait dans des colères terribles. Je me disais, quand je serai grand, ils verront, je mangerai une plaque entière de chocolat à chaque repas. Et puis, quand j'ai réalisé mon rêve, j'ai attrapé une jaunisse carabinée ! L'amour voyez-vous, c'est comme le chocolat... On ne peut pas faire l'amour du matin au soir, c'est bien pour ça qu'on a inventé le travail. Enfin, voilà votre ordonnance ; bien entendu vous ne buvez pas d'alcool, surtout pas de bière et, attention, pas d'eau minérale gazeuse. Et puis, cela va sans dire, défense absolue d'avoir des rapports sexuels pendant le traitement.

Comme je m'attarde à examiner des livres dans une des bibliothèques, le Dr Bicard se retourne pour choisir un livre placé derrière lui et me le tend :

— Puisque vous aimez les livres, regardez celui-là : *L'Évolution de la pêche de la truite*. C'est *mon* livre, le premier et le dernier. Vous ne vous intéressez pas à la pêche, vous, ce serait plutôt la chasse, hein ? Je l'ai publié à compte d'auteur naturellement.

Voilà qui m'intéresse.

— À compte d'auteur, lui demandai-je, cela veut dire que vous avez payé vous-même les frais d'édition ?

— Oui, parce que c'est un sujet trop spécialisé, n'est-ce pas, pour intéresser un éditeur.

— Je vous demandais cela parce que je viens d'écrire un livre, une sorte de roman, c'est presque terminé maintenant et je me demandais comment faire...

— Si c'est un roman, il faut d'abord le proposer aux éditeurs. Ne vous faites pas d'illusions ! Quand on ne tient pas une rubrique dans un journal, quand on n'est pas pistonné, c'est la croix et la bannière pour faire éditer un premier livre, mais il faut essayer.

« Vous êtes jeune, tentez votre chance. Rien n'est plus beau que de voir paraître un livre qu'on a écrit, rien n'est plus beau, sauf sans doute de mettre au monde un bébé qu'on a porté neuf mois dans son ventre mais ça, nous n'en sommes pas capables, enfin pas encore[1] !

1. Dans le montage définitif du film cette scène a été placée plus tôt dans l'action.

Ma visite hebdomadaire à Mme Duteil, la gentille dactylographe qui tape mon manuscrit en cinq exemplaires impeccables, est devenue pour moi une agréable habitude.

Ce soir-là, je la prie d'excuser ma venue tardive et, en même temps que les nouveaux feuillets de mon manuscrit, je lui offre une boîte de chocolats, je me suis rendu compte qu'elle les aime.

Mme Duteil paraît exagérément embarrassée par ce petit cadeau. Elle le dépose aussitôt sur la cheminée, puis, se retournant vers moi, elle hésite une seconde avant de se lancer dans une explication à laquelle j'étais loin de m'attendre.

— Monsieur Morane, je pensais bien que vous alliez passer aujourd'hui et je voulais vous dire quelque chose. C'est difficile. Voilà : je ne désire pas continuer à taper votre manuscrit. C'est beaucoup moins ennuyeux que tous les textes techniques que je tape habituellement mais je dois vous dire, être obligée de lire et relire tout ça, cela me gêne, cela me dérange, même dans mon sommeil. Comprenez-moi, monsieur Morane, je ne suis pas bégueule, j'ai été mariée et, même si je vis seule aujourd'hui, j'ai encore une vie privée. Je crois être plutôt large d'esprit, seulement je ne peux plus supporter de taper ce que vous écrivez. Ces histoires de femmes interchangeables me donnent le vertige, ça me rend malade. Voilà. Il fallait que je vous le dise, mais je ne veux pas vous laisser dans l'embarras, je peux vous donner l'adresse d'une collègue.

Je refuse. Je dis à Mme Duteil que je comprends très bien sa réaction et que, de toute façon, le livre étant presque terminé, je pourrai bien finir de le taper moi-même. Je règle ce que je lui dois et je la quitte. Je me sens mal à l'aise.

Rentré chez moi, je restai un certain temps prostré dans un fauteuil, près de la cheminée, sans même avoir le désir d'allumer l'électricité et réfléchissant à ce qui venait de se passer.

Écrire, s'exprimer d'une façon ou d'une autre, c'est en même temps s'exposer au jugement d'autrui. La condamnation de mon manuscrit par la dactylographe m'atteignit d'autant plus qu'elle avait été formulée avec douceur. Écrivain débutant, j'étais mis à l'index par ma première lectrice.

D'abord, j'abandonnai mon manuscrit et me désintéressai de tout. Puis l'envie me prit de lire les mémorialistes du siècle dernier : comment faut-il écrire quand on parle de soi, quelles étaient les règles ?

Je m'aperçus qu'il n'y a pas de règle, que chaque livre est différent et exprime la personnalité de son auteur. Chaque page, chaque phrase de n'importe quel écrivain lui appartient en propre : son écriture lui est aussi personnelle que ses empreintes digitales.

Alors cette découverte me rendit courage. Je demandai une semaine de congé au laboratoire et m'enfermai chez moi, transportant la machine à écrire dans la salle de bains sans fenêtre afin de ne me laisser distraire ni par le jour ni par le ciel, le soleil, la pluie ou la tombée de la nuit.

Les images de ma vie se pressaient, les souvenirs affluaient d'eux-mêmes. Je tapais avec deux doigts le plus vaillamment possible, le mouvement de la machine entraînait celui de la pensée et j'avais l'impression que mon livre s'écrivait tout seul.

Je racontais tout ce qui me semblait important, ce qui me semblait curieux, le passé ancien comme le passé récent.

De cette plongée en moi-même, j'émergeai comme un somnambule. Je me sentais enthousiaste comme le jeune homme au trapèze volant, épuisé comme par vingt nuits d'amour mais plus léger que l'air, courbatu et riant de fatigue.

Le 9 septembre, je pouvais brocher mon manuscrit et inscrire le mot « FIN ». Il ne manquait que le titre. Sans me donner la peine de chercher, j'adoptai le premier qui me vint à l'esprit, celui qui résumait le mieux le dérisoire et la fébrilité de mes recherches : « LE CAVALEUR », puis, obéissant aux suggestions du Dr Bicard, je postai les quatre exemplaires aux quatre principaux éditeurs parisiens.

9

Du côté de Geneviève[1]

« Monsieur, nous sommes au regret de devoir vous annoncer que votre manuscrit que nous avons lu avec le plus grand intérêt et qui possède des qualités certaines n'a cependant pas été retenu par notre comité de lecture. Nous vous retournons votre manuscrit et vous prions de croire, monsieur, à nos sentiments distingués. »

Bertrand ne pouvait savoir qu'au moment même où lui parvenait ce premier refus, le comité de lecture des Éditions Bétany se réunissait, à Paris.

M. Bétany venait en quelques mots de régler la publication prochaine d'un album sur *Le Rhin romantique* dont il espérait une bonne vente à l'occasion des fêtes de fin d'année.

Souriant à ses trois lecteurs, il se penche maintenant sur un autre manuscrit :

— Ah, dit-il, *Le Cavaleur,* par Bertrand Morane. Eh bien, celui-là, on le retourne à son auteur.

Si les deux hommes assis en face de M. Bétany acceptent ce jugement sans la moindre réticence, par contre le quatrième membre du comité de lecture, Geneviève Bigey, réagit d'une façon tout à fait différente et, comme elle n'est pas femme à se laisser faire, elle intervient avec passion :

— On le retourne ? Comment ça « on le retourne » ! On pourrait tout de même en discuter !

M. Bétany, visiblement, est habitué aux explosions de sa

1. À partir de ce chapitre l'histoire de Bertrand n'est plus racontée par lui-même, le récit devient objectif. Les spectateurs du film identifient sans peine la conseillère littéraire des Éditions Bétany, ils reconnaissent Geneviève Bigey, l'observatrice venue de Paris aux obsèques de Bertrand, la narratrice du prologue.

jeune collaboratrice. Il lui tend un dossier et lui dit calmement :

— Désolé, ma chère Geneviève, j'ai là quatre notes de lecture, seule la vôtre est favorable.

Geneviève se tourne alors vers le plus âgé des lecteurs et le prend à partie :

— Comment, vous n'avez pas aimé ce livre ?

— Franchement non. Je n'arrive pas à m'intéresser à ce personnage qui se prend pour un séducteur irrésistible. Tenez, monsieur Bétany, je prends un passage au hasard, lisez vous-même.

M. Bétany se prêta de bonne grâce à l'expérience. Il prit le manuscrit qu'on lui tendait et commença :

« *Curieusement, j'ai presque toujours réussi à entrer en relation avec les inconnues qui me plaisaient sans avoir à les aborder. Pourtant, la jolie blonde que je suivais ce jour-là dans les Galeries allait m'échapper si je ne me décidais pas à lui adresser la parole. Une fois de plus, le hasard vint à mon secours en m'offrant la possibilité d'une prise de contact indirecte.*

Un tableau mural invitait les clients des Galeries à afficher leurs petites annonces personnelles, ma belle marcheuse y épingla une offre de baby-sitting. Une heure plus tard je lui téléphonai, le soir même elle arrivait chez moi. »

Le récit de Bertrand continue avec l'entrée de Uta, la jolie baby-sitter, dans son appartement. Bertrand la guide vers le salon et, après lui avoir annoncé qu'il sortait pour la soirée et que le bébé dormait dans la chambre à côté, il propose d'aller lui chercher quelques jus de fruits dans la cuisine.

Pendant la courte absence de Bertrand, la curiosité d'Uta l'amène à jeter un coup d'œil dans la chambre à coucher dont la porte est entrouverte. S'approchant du lit, elle y découvre un baigneur en plastique que Bertrand a vaguement couché sous les couvertures. La jeune fille revient dans le salon, tenant à bout de bras la poupée, et demande à Bertrand lorsqu'il réapparaît :

— Qu'est-ce que c'est que ça ? Où est l'enfant ?

Bertrand, penaud mais sincère, doit reconnaître :

— L'enfant ? C'est moi !

La fin de l'épisode ayant provoqué les rires dans le comité de lecture, c'est dans une atmosphère plus détendue que la discussion se poursuit.

— Si je comprends bien, reprend M. Bétany, *Le Cavaleur* – décidément je ne m'habitue pas à ce titre – est l'histoire d'un coureur de femmes qui est resté un enfant.

Le lecteur le plus hostile repart à l'attaque :

— Oui, plus ou moins. Justement, pour moi, le meilleur de ce livre, ce sont les pages où Bertrand Morane raconte son enfance, surtout ce qu'il nous fait entrevoir de sa mère. Malheureusement cela occupe à peine un chapitre : pour moi il est passé à côté du vrai sujet.

Le deuxième lecteur, dont les mimiques ont jusque-là exprimé l'accord, intervient à son tour :

— Et puis, psychologiquement, ça ne tient pas ; c'est un tissu de contradictions, à tel point que, lorsqu'on arrive à la fin du livre, on ne sait vraiment pas que penser du personnage. Est-ce un malade ? Un obsédé ? Un cas pathologique ? Un romantique désabusé ?

Geneviève s'est contenue tant bien que mal pendant que les deux lecteurs exprimaient leurs critiques, elle prend maintenant la parole avec une conviction absolue :

— C'est simplement *un homme*. Effectivement ce livre est plein de détails qui se contredisent mais, comme il est évident que rien n'est inventé, il faut bien admettre que ce sont les contradictions de la vie. Vous dites : « On ne voit pas ce qu'il veut prouver. » Mais il ne veut rien prouver. Il raconte, sans faire de discrimination entre les détails qui signifient quelque chose et d'autres qui illustrent seulement le saugrenu de la vie. Monsieur Bétany, c'est un manuscrit instinctif et sincère, l'auteur ne se met jamais en valeur, beaucoup d'anecdotes sont cruelles pour lui, il ne s'est manifestement préoccupé que d'exactitude. Là, je vois : « Il est tordu et il se jette sur toutes les femmes. » C'est vrai qu'il est tordu, mais en tout cas il le sait. Et puis, ce sont souvent les femmes qui se sont jetées sur lui, par exemple celle qui lui saute constamment dessus dans les endroits publics et qui dit ensuite : « Est-ce bien raisonnable ? »

Le plaidoyer de Geneviève a sans doute convaincu le directeur des Éditions Bétany car, le soir même, Bertrand reçoit à Montpellier le télégramme suivant :

« Livre accepté – Venez à Paris pour signature contrat. »

Dans la salle d'attente de l'aéroport de Montpellier, Bertrand attend le départ de l'avion qui doit l'emmener à Paris. En regardant autour de lui, il s'aperçoit avec désespoir que tous les autres voyageurs sont des hommes : au moins une cinquantaine d'hommes en costume sombre, ridiculement sérieux avec leur attaché-case et leurs journaux. C'est plus que Bertrand ne peut en supporter. Il ferme les yeux pour ne plus les voir et imagine, pour son plaisir, ce que serait ce même endroit s'il était rempli de voyageuses : rien que des femmes en robes claires, bas fins et chaussures à talons hauts.

La voix de l'hôtesse appelant les voyageurs pour Paris l'arrache à cette douce vision.

Le jour même, Bertrand est reçu par Geneviève Bigey, dans son bureau, aux Éditions Bétany.

Tout est allé si vite que Bertrand éprouve le besoin de faire part de ses doutes à la jeune femme.

— Évidemment, j'ai envoyé ce livre pour qu'il soit publié mais je m'attendais à plus de difficultés... Vous êtes sûre qu'il peut être publié tel quel ? J'ai envie de le remanier, de l'améliorer peut-être.

Geneviève a écouté attentivement Bertrand ; mais son opinion n'est pas du tout celle de l'écrivain débutant et elle n'hésite pas à le lui dire :

— Bien sûr, vous êtes libre mais je crois que ce serait une erreur. J'ai aimé justement la simplicité du style ; on sent que vous l'avez écrit pour vous, pas pour donner une flatteuse image de vous-même comme écrivain. De toute façon, vous aurez à corriger les épreuves dans quelques semaines. Je n'ai qu'un seul changement à vous proposer, cela concerne le titre que nous n'aimons pas beaucoup.

Tout en parlant, Geneviève est allée prendre le manuscrit de Bertrand.

— *Le Cavaleur* ? Ça m'a paru meilleur que *Le Coureur*. J'avais pensé à *L'Homme à femmes* mais à la réflexion ça ne me plaît, ça fait...

S'il hésite sur ce que « ça fait », Geneviève, elle, n'hésite pas :

— ... ça fait avantageux. Non, *L'Homme à femmes* ce n'est pas bien mais c'est drôle que vous ayez pensé à ça parce que je voulais vous proposer celui-ci (elle lit sur un bloc) : *L'Homme qui aimait les femmes*.

Bertrand n'a pas d'objection.

— Ah c'est bien, c'est un bon titre, oui, c'est intrigant, c'est bien, oui. Mais pourquoi « qui aimait », pourquoi l'imparfait ?

— C'est une question de sonorité, cela sonne mieux et aussi il me semble que cela marche bien avec votre style de récit. Vous êtes narratif, vous n'avez pas peur de raconter une histoire.

— Vous avez sans doute raison, lui accorde Bertrand, je suis partisan de faire confiance aux spécialistes, d'accord pour *L'Homme qui aimait les femmes* !

Ce problème étant réglé, Geneviève demande à Bertrand s'il est satisfait dc la chambre d'hôtel qu'elle lui a fait réserver. Il la trouve très bien et ajoute :

— Vous savez, je n'étais pas venu à Paris depuis longtemps.

— Vous préférez sans doute Montpellier ?

— Préférer... ce n'est pas la question. Ma vie est là-bas maintenant.

— En tout cas, conclut Geneviève en riant, quand on lit votre livre, on a l'impression que c'est la ville de France la mieux pourvue en belles femmes. Si le livre marche bien, je crois que vous allez vous trouver responsable d'un exode massif. D'ailleurs, j'irai me rendre compte sur place car M. Bétany a racheté une imprimerie à Lunel, votre roman y sera composé. Si vous voulez visiter l'imprimerie, vous pourrez m'accompagner.

Bertrand est d'accord.

— J'avais prévu de vous réserver ma soirée puisque vous partez demain, malheureusement je dois remplacer M. Bétany à une réunion de préparation pour la Foire de Francfort. Mais je suppose que vous avez des amis à Paris ?

Geneviève semble si sincèrement désolée que Bertrand la rassure :

— Oui, enfin, pas de problème.

— Bon, alors je vais vous emmener voir Josiane, la maquettiste, elle dessine toutes nos couvertures, elle vous montrera ce qu'elle imagine pour habiller votre livre.

Bertrand et Geneviève quittent le bureau. Avant qu'ils ne disparaissent, on peut entendre Geneviève faire à Bertrand l'un de ces petits mensonges diplomatiques sans lesquels la vie sociale serait impossible :

— Tout le monde a aimé votre livre dans la maison, il a été accepté à l'unanimité... enfin presque.

10

Véra, la revenante :
tu étais tendre avec moi.

Bertrand, à qui manque souvent la patience nécessaire pour attendre un ascenseur, descend le grand escalier qui le mène dans le hall de l'hôtel parisien où règne une légère animation.

La banque derrière laquelle trône le portier de l'hôtel se trouve dans un hall plus petit qui coupe à angle droit celui dans lequel Bertrand avance.

Au moment où il va s'y engager pour déposer la clé de sa chambre, Bertrand aperçoit quelqu'un, une femme élégante en train de parler avec le réceptionniste. Bertrand s'est immobilisé ; manifestement il ne veut pas la rencontrer ni se laisser voir d'elle ; il recule d'un pas, cherche une issue d'un regard, et décide de se dissimuler un instant dans le vestiaire, à l'autre extrémité du grand hall.

La jeune femme a eu le temps d'apercevoir Bertrand. Sans un moment d'hésitation, elle court vers une porte qui communique avec le vestiaire à partir du petit hall.

La fuite de Bertrand a été vaine, il se retrouve face à la jeune femme qu'il a cherché à éviter. Elle s'arrête et le regarde avec une émotion qu'elle ne cherche pas à cacher.

— Bertrand ! Vous ne m'aviez pas vue dans l'entrée ? Comment allez-vous ?

Entre Bertrand et la jeune femme, le comptoir du vestiaire dessine une frontière dont il ne veut même pas s'approcher. Il lui répond mais sur un ton qui ne lui est pas habituel :

— Bien, très bien. Vous aussi, j'espère ?

— Ça me fait un choc de vous voir, je ne m'attendais vraiment pas... (Elle se touche les joues avec sa main gantée.) Vous savez, je suis seulement de passage à Paris.

— Vous êtes toujours en Amérique ?

— Non... Non. C'est fini l'Amérique. Je vis à Londres maintenant, j'y ai trouvé un travail intéressant. Et vous ? Dites-moi...

Bertrand reste très évasif :

— Eh bien, c'est pareil, je suis seulement de passage, je vis ailleurs, dans une ville du Midi.

— Une ville du Midi ! Elle a un nom cette ville, vous êtes à Montpellier, quelqu'un me l'a dit. Pourquoi faites-vous toujours des mystères ?

Bertrand recule devant cet assaut trop direct :

— Il faut que je m'en aille, Véra, on m'attend.

— Moi aussi, je suis attendue. Écoutez, puisque nous sommes là, pour une fois, je crois que nous devrions parler.

Bertrand reste puisqu'il ne peut faire autrement, mais il cède à contrecœur.

— Eh bien, je vous écoute.

Véra secoue la tête devant tant d'obstination.

— Je n'ai pas l'intention de faire une conférence ou un monologue, je veux que nous parlions *ensemble*, tous les deux, ça ne demande tout de même pas un courage surhumain ?

— Non, reconnaît-il, mais j'ai bien peur de n'avoir rien à dire, c'est tout.

Le regard de Véra est devenu grave, comme blessé.

— Bertrand, vous ne me rendez pas les choses faciles mais je suis décidée à parler, j'irai jusqu'au bout. Je pense souvent à vous, Bertrand, toujours avec tendresse. Dix fois j'ai failli vous écrire et puis je me disais qu'il valait mieux pas.

Bertrand semble s'être repris, il lui répond calmement :

— Vous avez bien fait.

— Alors vous me détestez toujours ?

La carapace de Bertrand se fendille.

— Croyez-le ou non, je n'ai jamais eu le moindre sentiment de rancune contre vous, jamais je n'ai pensé que c'était de votre faute.

— Écoutez, Bertrand, j'ai été obligée de faire ce que j'ai fait. C'était ça ou devenir folle, vous savez que je n'exagère pas. Évidemment, je ne pensais pas que vous alliez souffrir autant, vous aviez tellement bien caché vos sentiments, mais, même quand j'ai su que vous étiez là-bas, je n'ai pas regretté ma décision. Je savais que, malgré tout, vous aimiez la vie et que vous alliez lutter pour faire surface.

— C'est vrai, lui répond Bertrand, j'ai lutté et je m'en suis sorti. Au début grâce à toutes sortes de médicaments : des gouttes pour dormir, des cachets pour rester calme : il y avait même des pilules pour devenir joyeux, si, si ! Ce n'est pas très romantique mais je trouve ça amusant, l'idée que les histoires d'amour qui finissent mal peuvent se guérir avec de la pharmacie, c'est amusant.

Véra n'est pas dupe de la légèreté des propos de Bertrand ; ce qu'elle a parfaitement entendu c'est l'amertume que sa voix laisse transparaître. Elle n'accepte pas d'en rester là, aussi elle reprend :

— Non, ce n'est pas amusant. Vous l'avez peut-être oublié ou alors nous ne nous sommes pas raconté la même histoire, mais c'est *vous* qui avez donné le signal du départ. Je suis certaine que vous vous prépariez pour la rupture depuis longtemps. Il y avait ces paquets de livres que vous emportiez de la maison pour les entreposer je ne sais où. Tenez, je me souviens très bien, chaque fois que vous partiez en voyage, je n'avais pas le droit de vous aider à faire votre valise, vous vouliez toujours me montrer votre indépendance, votre autonomie, le côté : « J'aime la solitude, je n'ai besoin de personne. »

Et cette fois, c'est avec une sincérité totale que Bertrand reprend :

— En réalité je n'avais besoin que d'une personne, c'était *vous* et je ne m'en rendais pas compte. Dans un premier temps je vous ai aimée sans le savoir et puis après en le sachant. Mais pour vous c'était fini.

— Oui, c'est arrivé peu à peu. Je sais bien que ça ne sert à rien de tout examiner à retardement mais je crois qu'il y a eu un moment où j'aurais dû être plus nette avec vous, plus claire.

— Ne croyez pas cela, votre visage parlait pour vous. Dans les derniers temps, je vous observais, votre regard était devenu plus jeune, plus fier aussi. À cause de cela, j'ai compris que j'étais en train de sortir de votre vie. À cette époque-là, si j'avais été capable d'exprimer les choses directement, je vous aurais dit : « Véra, vous êtes en train de vous libérer de moi, vous avez de la chance, je vous envie. »

Véra ne sourit plus, elle est devenue grave :

— Oui, j'ai fait cela pour me libérer de vous mais ça n'a pas été facile. J'ai eu une période effrayante, je passais mes journées dans le noir, j'essayais de reconstituer notre histoire... « Quand les choses ont-elles commencé à tourner mal ? » Je ne savais plus qui j'étais, si je marchais dans la rue j'avais une impression d'irréalité totale, je ne sentais plus ma tête ni mon corps, c'était le trou noir. Quand j'ouvrais la radio, au début, toutes les chansons d'amour, même les plus stupides, surtout les plus stupides, semblaient parler de nous deux et en même temps cela me montrait que notre aventure n'était pas unique, qu'elle est l'aventure de tout le monde.

Bertrand l'approuve :

— Oui, les chansons disent la vérité : c'est la même chose avec les endroits. Pendant longtemps, quand je traversais Paris, je faisais des détours incroyables pour ne pas passer place Clichy. Entre parenthèses, ils ont rasé le Gaumont-Palace, vous seriez triste si vous alliez voir ce qu'ils ont fait de la place Clichy.

— Au début, je ne savais pas que vous aviez quitté Paris. Chaque fois que j'entrais dans un restaurant, je me disais : « Et si je le rencontre ici, dînant seul, avec son journal devant son assiette ? »

— Vous auriez préféré me rencontrer avec quelqu'un ?

— C'est arrivé une fois, à Orly. Une jeune femme parlait avec un accent, sûrement une Anglaise, elle vous a dit quelque chose de drôle et j'ai aussitôt reconnu votre rire. Je suis partie très vite mais j'aurais juré que vous m'aviez vue.

— Non, je m'en souviendrais.

— Véra s'est approchée de lui et risque une caresse de la main sur la joue de Bertrand.

— Tu étais tendre avec moi, lui dit-elle.

— Toi aussi tu étais tendre. (Bertrand a pris la main de Véra et y a posé ses lèvres.) Seulement voilà, je n'ai plus le droit de vous toucher.

— « Plus le droit », tu parles comme le Code civil.

— Parce que c'est la vérité, je n'ai plus le droit de vous toucher.

— Après quatre ans, Bertrand, on pourrait se revoir... dîner ensemble...

— Pas quatre ans, cinq ans.

Véra est surprise de la brutalité de Bertrand ; elle tente un dernier effort :

— Je crois qu'on ne peut plus se faire de mal maintenant, nous pourrions enfin devenir des amis.

— Non, Véra, je ne crois pas. Et puis je ne vais jamais à Londres, je ne vois pas ce que vous viendriez faire à Montpellier. Moi aussi je pense à vous quelquefois mais de moins en moins souvent ; c'est normal. Nous sommes presque devenus des étrangers, il faut l'accepter, il faut rester comme ça, c'est mieux. Ne nous disons pas au revoir. Partez la première, j'attends ici. Je m'en irai après vous.

Véra a compris que Bertrand est irréductible : après un dernier regard, elle quitte la pièce sans un mot, laissant Bertrand seul comme il le souhaite.

11

Geneviève progresse sérieusement

De retour à Montpellier, Bertrand a retrouvé sa chère Underwood et, bien que son roman soit terminé, une espèce d'insatisfaction le pousse à reprendre la frappe. Ce qu'il veut écrire se dérobe. Il arrache la page qu'il vient de terminer, la froisse et la jette dans la corbeille à papier.

Il se lève, circule dans la pièce, décroche le téléphone et compose le numéro des Éditions Bétany.

Bien que la soirée soit assez avancée, Geneviève Bigey, à qui Bertrand demande de parler, est encore dans son bureau. Pendant la période des Prix, elle travaille presque tous les soirs.

— C'est dommage, ajoute-t-elle, que votre livre ne puisse être prêt que pour Noël.

— Non, la question n'est pas là, lui répond Bertrand. Je voulais vous dire quelque chose d'important. Plus ce livre devient concret, plus je suis inquiet.

Geneviève, afin de le réconforter, l'assure que tout le monde adore son livre, mais ce n'est pas ce qui tourmente Bertrand.

— Ce que je veux vous dire est confidentiel, mais j'ai confiance en vous, lui explique Bertrand. Il se passe une chose incroyable ; je me rends compte seulement maintenant que ce livre a été écrit à cause d'une femme précise, et que cette femme n'est même pas *nommée* dans le livre. Il faut que je reprenne le manuscrit et que je recommence tout.

— Ah non, ne me faites pas ça... je me suis battue pour ce livre. Écoutez-moi, écoutez-moi bien, je travaille dans l'édition depuis bientôt dix ans, je connais les écrivains, ils ressentent tous cette angoisse d'être passé à côté de l'essentiel. C'est normal. On veut écrire un livre et puis on en écrit un autre. Si cette femme dont vous parlez a compté tellement pour vous, consacrez-lui votre deuxième livre, prenez des notes.

— Comment voulez-vous ? Je ne suis pas capable d'écrire un deuxième livre !

— Moi je sais que vous en êtes capable. Il faut cesser de vous déprécier sans cesse et puis il faut que vous appreniez à vous aimer davantage vous-même.

— Qu'est-ce que c'est que cette histoire ?

— C'est très simple. Quand on ne s'aime pas soi-même, on est incapable d'aimer les autres. Si vous voulez je vous expliquerai ça de vive voix, la semaine prochaine. Alors c'est d'accord ? Vous me faites confiance ?

— Confiance pour quoi ? demande Bertrand.

— Eh bien, confiance pour le livre et pour le reste !

— D'accord, vous êtes la plus forte.

— Encore une expression à rayer de votre vocabulaire ! Simplement, je veux le meilleur pour vous. Alors, à la semaine prochaine ? Au revoir.

— Au revoir...

Après avoir raccroché, Geneviève mordille son crayon puis retourne à son travail.

La semaine suivante, Geneviève se rend à Montpellier. Elle n'a pas prévenu Bertrand de l'heure de son arrivée, elle vient elle-même le chercher au laboratoire pour l'emmener visiter l'imprimerie de Lunel où son livre est composé.

Le chef de fabrication leur présente les trois projets de couverture qu'il a fait préparer pour *L'Homme qui aimait les femmes*.

Circulant entre les linotypes, Bertrand rejoint la machine sur laquelle son livre se compose. Il regarde par-dessus l'épaule de la linotypiste : le passage en cours est celui de sa rencontre avec la petite fille qui pleurait et qui aura dix-sept ans en 1985. Bertrand se revoit en train de lui parler et tout à coup le désir très fort lui vient de changer un détail de cette scène : il demande à la linotypiste s'il est encore temps d'effectuer un changement. Elle accepte. Il lui demande alors de remplacer la phrase :

« Si j'avais une jolie robe *rouge* comme toi » par :

« Si j'avais une jolie robe *bleue* comme toi » et le début de la scène se déroule une fois encore dans sa mémoire mais, cette fois, la petite fille est en robe bleue.

À présent, Bertrand et Geneviève roulent vers Montpellier dans la voiture que Geneviève a louée en arrivant à l'aéroport, ce matin.

Geneviève qui tient le volant se tourne en souriant vers Bertrand et lui demande :

— Ça ne vous ennuie pas que je conduise ? Sinon je vous laisse le volant...

— Non, au contraire, j'aime bien être conduit par une femme. Je n'ai sûrement pas réussi à supprimer toute vanité masculine en moi, mais en tout cas je n'en mets aucune dans ces choses-là.

— C'est vrai, je m'en suis rendu compte en lisant votre livre : vous n'êtes pas un Casanova, vous n'êtes pas un don Juan ; vous savez comment je vous vois malgré votre air ténébreux ?

— Non.

— Vous ne cherchez pas à paraître viril à tout prix.

Geneviève s'interrompt pour ralentir et suivre une déviation, provoquée par un accident récent.

Par la lunette arrière, on aperçoit vaguement une ambulance, un corps que l'on transporte et des automobiles immobilisées sur le bas-côté. En s'éloignant, ils croisent deux motards de la police qui se dirigent vers le lieu de l'accident en faisant hurler leur sirène d'alerte. Lorsque le bruit diminue d'intensité, Geneviève reprend la conversation interrompue :

— Vous savez comment je vois votre livre ? Comme un témoignage de ce qu'auront été les relations hommes-femmes au XXe siècle. Vous vous rendez bien compte que tout cela est en train de changer ?

— Oui, oui, peut-être, mais je ne suis pas sûr de... disons que le côté copain-copain ne m'emballe pas. Jusqu'ici, il y avait dans l'amour cette part de jeu qui... enfin je la crois indispensable.

— Mais il y aura toujours la part du jeu. Simplement, on est en train de changer les règles de ce jeu. Et ce qui va disparaître en premier ce sont les rapports de force. On jouera toujours mais à égalité.

Bertrand sourit :

— À vrai dire je manque d'idées précises là-dessus et d'ailleurs je crois que je suis en train de changer.

— Bravo, bravo, mais ne changez pas trop, je ne vous trouve pas mal comme vous êtes, termine Geneviève en le regardant avec une certaine malice.

Bertrand n'a pas entrepris la « conquête » de Geneviève ; elle, de son côté, n'a pas été coquette avec lui. Il faut bien supposer que c'est d'un commun accord qu'ils se retrouvent à présent dans le lit d'une chambre d'hôtel avec un plateau de petit déjeuner entre eux.

Bertrand est assis, les épaules recouvertes d'une couverture, et Geneviève est en face de lui, assise en tailleur ; pour tous vêtements, elle porte le peignoir éponge blanc de la salle de bains.

Geneviève grignote une biscotte tout en parlant à Bertrand avec animation :

— Mais quand même, il y a une chose avec laquelle je ne suis pas d'accord, c'est quand vous écrivez – je ne me souviens plus exactement – « les femmes pensent à l'amour d'une façon plus générale que les hommes ». Je vous assure que nous aussi nous avons nos curiosités, nos envies brusques. Je peux vous le dire maintenant, la première fois que j'ai eu envie de vous, c'était au bureau de Paris quand vous discutiez avec la maquettiste. Je me souviens très bien : il faisait très chaud et à un moment donné vous avez enlevé votre pull-over et vous aviez une cigarette à la bouche. Vous étiez tellement absorbé par la conversation que vous faisiez tout machinalement. Alors, vous avez retiré votre pull-over comme ça, en tirant sur le col (tout en parlant, Geneviève mime le geste de Bertrand) sans même enlever la cigarette de votre bouche ! Eh bien, brusquement, à cause de ça, j'ai eu envie de faire l'amour avec vous !

Peut-être justement parce qu'elle lui parle d'une façon si directe, Geneviève éprouve le besoin de mettre une certaine distance entre elle et Bertrand. Elle ramasse le plateau, tout en continuant à parler, et va le déposer dans le couloir à l'extérieur de la chambre.

— La deuxième fois que j'ai eu envie de vous, c'était le lendemain, vous étiez au restaurant place de l'Odéon, avec Josiane, la maquettiste, justement, comme par hasard.

Bertrand proteste :

— Je vous assure que je n'ai rien fait avec la maquettiste.

— Je ne dis pas que vous avez fait quelque chose avec elle, je suis certaine qu'elle n'aurait pas demandé mieux et de toute façon, quand on voit quelqu'un avoir envie d'une personne à laquelle on pense de son côté, eh bien, cela augmente l'envie qu'on en a... (elle rit). Je ne sais pas si je suis très claire.

Bertrand lui rend son sourire :

— Si, si, vous êtes très claire, c'est lumineux.

Geneviève court brusquement vers le lit et se blottit dans les bras de Bertrand.

— Ce qui m'a attirée vers vous, c'est que vous souriez rarement et pourtant j'adore quand vous souriez. Je dois être folle !

— Non, je vous crois très raisonnable, au contraire.

— Ne vous fiez pas aux apparences.

Sur le parking de l'aéroport, la voiture de Geneviève est arrêtée. Dehors il fait gris et le sol est détrempé : l'orage a dû être assez violent. Geneviève qui conduisait a coupé le moteur et s'est tournée vers Bertrand assis à côté d'elle.

— Alors, lui demande Geneviève, cordiale poignée de main ou tendre baiser ?

— Tendre baiser, lui répond Bertrand.

Ils s'embrassent.

— Tout de même, lui dit Bertrand après qu'ils se sont séparés. M. Bétany pourrait transférer sa maison d'édition à Montpellier ou alors ouvrir une succursale.

— Et vous, votre laboratoire à Paris ! Laissez-moi vous faire remarquer que la Caravelle Montpellier-Paris met exactement quarante minutes.

— J'en prends bonne note.

— Pendant que vous y êtes, notez aussi que je n'ai aucun plan pour le réveillon et que si vous n'avez pas d'autre projet...

— En tout cas je n'en ai pas de meilleur.

Ils sont bien ensemble. Ils se sourient.

— Je peux vous embrasser encore ? demande Geneviève.

Il la prend dans ses bras et l'embrasse tendrement.

Lorsqu'ils se séparent, Bertrand glisse la main sous le manteau de Geneviève et la pose sur son sein.

— Est-ce que j'ai le droit de mettre ma main, là ?

— Oui, vous en avez le droit ! Nous veillerons à ce que cela ne devienne pas un devoir !

Geneviève en riant s'est écartée et sort de la voiture. Bertrand sort à son tour, prend le sac de voyage de la jeune femme sur la banquette arrière et le lui tend. Elle s'en saisit et s'éloigne rapidement en direction des bâtiments de l'aéroport. Avant de disparaître, elle se retourne vers Bertrand, lui fait un petit signe de la main et lui crie :

— Au revoir. Soyez sage !

— Alors, ça, sûrement pas ! lui répond Bertrand.

Ils rient tous les deux.

12

Amour mourir

Bertrand se retrouve seul dans son appartement. Il est sept heures et demie du soir, trop tôt pour se résigner à passer la soirée seul. Il prend le carnet sur lequel il note les numéros de téléphone des femmes qui l'intéressent.

Des coups de téléphone qu'il va tenter, aucun ne donnera de résultat. Ou bien cela sonne occupé, ou bien il n'y a personne ou encore il faut laisser un message.

Bertrand ne se ment-il pas à lui-même lorsqu'il prétend aimer la solitude ?

Il tente une dernière fois sa chance et tombe sur un répondeur automatique.

— Vous êtes ici chez Valérie Bontemps, absente de Montpellier. Je suis sur répondeur automatique. Vous avez trente secondes pour laisser un message.

— Trente secondes ? Alors j'ai seulement le temps de vous dire que j'aurais voulu caresser vos jambes sous votre jupe plissée et puis je vais vous faire un aveu : je déteste les répondeurs automatiques.

Bertrand quitte son appartement.

Sur l'avenue Foch, tout annonce que Noël approche : guirlandes lumineuses tendues d'un côté de l'avenue à l'autre et sur le trottoir, l'Armée du Salut qui a accroché sa marmite ; les trois salutistes qui se tiennent là chantent : *Douce nuit*. Les passants, nombreux et affairés, portent des paquets ou des sapins de Noël.

Bertrand prend en chasse une silhouette féminine qui lui a semblé intéressante. Lorsqu'il se décide à la dépasser pour la voir de face, il se retrouve devant Uta, la jolie baby-sitter.

Elle l'a reconnu elle aussi et s'arrête pour lui dire bonjour.

Bertrand lui répond d'une façon tellement vague, qu'elle se demande s'il se souvient d'elle. Oui, Bertrand se souvient d'elle. Mais sans doute souhaite-t-il ce soir un visage nouveau : il se défile, prétextant un rendez-vous dans l'autre direction.

À peine a-t-il quitté Uta que Bertrand s'intéresse maintenant à deux jeunes femmes qui marchent sur le trottoir de l'autre côté de l'avenue. Il avance parallèlement à elles, en observant leurs jambes à travers la haie de laurier qui borde la chaussée.

Arrivées au coin d'une rue, les deux silhouettes se séparent. La brune repart dans la direction d'où elle venait tandis que la blonde s'enfonce dans la rue transversale.

Ne voulant pas courir le risque de la perdre de vue, Bertrand se lance sur la chaussée au moment même où débouche une voiture de sport.

C'est l'accident. Bertrand est projeté en l'air, son corps rebondit sur le capot, glisse sur la chaussée, tourne plusieurs fois sur lui-même et s'immobilise.

Un infirmier pousse la civière sur laquelle Bertrand est véhiculé de la salle d'urgences à la chambre où il va être mis en observation. On a placé une minerve autour de son cou et une perfusion est fixée à son bras gauche. Le chirurgien, qui a suivi son malade pour surveiller l'installation, donne des instructions très strictes à l'infirmière de garde : il faut surveiller son réveil et l'empêcher absolument de bouger. L'infirmière sera plus tard relevée par une garde de nuit à qui elle devra transmettre les consignes.

L'infirmière a éteint la lumière pour laisser reposer Bertrand. Lorsqu'il reprend vaguement conscience, il ne sait pas où il est : ses yeux vont de la fenêtre, à travers laquelle on aperçoit vaguement les phares des voitures qui circulent dans la rue, au mur blanc de la chambre d'hôpital. Il entend encore le cantique de Noël que les salutistes chantaient avenue Foch.

Les premiers mots de Bertrand sont pour réclamer son livre : l'infirmière ne comprend pas ce dont il s'agit ; elle lui parle doucement jusqu'à ce qu'il semble se calmer.

Bertrand s'est tu. Les yeux ouverts dans le noir, il pense à ce qu'il fera après la publication de son livre : il va tout quitter et partir pour cette île où les femmes se sont installées pour vivre entre elles. Il essaiera de se faire accepter. Oui, elles l'accepteront, il leur expliquera.

Un carré de lumière vient de se dessiner sur le mur à la tête du lit de Bertrand. L'infirmière qui le veillait a ouvert la porte à la garde de nuit qui vient d'arriver. Dans le rectangle lumineux de la porte entrouverte se tient la nouvelle infirmière ; ses jambes se dessinent avec la précision d'ombres chinoises sur la blancheur de sa blouse.

Bertrand est fasciné par ce spectacle. Il paraît qu'elles ne portent rien sous leur blouse, c'est bien connu.

Lui qui ne devrait faire aucun mouvement se redresse et tend les bras vers ces jambes qui l'attirent comme un aimant, comme le crucifix en or attirait l'avare Grandet agonisant.

L'infirmière inquiète tente de l'arrêter, trop tard. Toute la chambre bascule autour de Bertrand.

Le flacon de perfusion s'est détaché et goutte inutilement sur le drap de lit.

Lorsque la nouvelle de la mort de Bertrand parvient à Geneviève, elle est en train de distribuer les jouets pour l'arbre de Noël des enfants du personnel des Éditions Bétany. Elle porte la main à sa bouche, elle ne peut plus bouger.

Épilogue

Au cimetière Saint-Lazare, à Montpellier, l'enterrement de Bertrand se termine.

Geneviève est pensive.

« Bertrand me disait souvent qu'il n'avait pas réussi à trouver une bonne fin pour son livre et cela le tourmentait. Il n'avait pas osé imaginer la mort de son personnage, ce qui était pourtant la logique même. »

J'ai l'impression maintenant que toutes ces femmes sont en train d'écrire la dernière page de son roman. Je suis l'une de ces femmes et cependant j'éprouve une sensation étrange, celle d'être la complice de Bertrand, peut-être parce que je suis la seule ici à tout connaître de lui. Les femmes qu'il a fait souffrir ont eu un seul tort : attendre de lui quelque chose qu'il n'avait pas à donner.

À celles qui voulaient le plaisir il a donné du plaisir et aussi de la douceur. Pour moi, il ne fait aucun doute qu'il les a aimées à sa façon et qu'il a eu raison de les aimer toutes.

Aucune n'est pareille, chacune a quelque chose que les autres n'ont pas, quelque chose d'unique et d'irremplaçable.

Bertrand a aimé toutes ces femmes pour ce qu'elles étaient :

celle-ci pour son regard de myope et ses lunettes cerclées de fer

celle-là pour son air fiévreux et passionné

en voilà une qui pleure vraiment, elle est bouleversée et ne s'en cache pas

celle-ci a dû le toucher parce qu'elle a l'air d'une orpheline

je suis certaine qu'il a aimé cette belle femme pour son odeur de rousse

celle-ci a l'air de trouver ça très drôle, elle est bien la seule

voilà une personne modeste et douce, suivie d'une héroïne de roman russe il a aimé cette femme qui n'était pas toute jeune justement parce qu'elle luttait pour rester séduisante

celle-ci a l'air d'une étudiante...

celle-là s'est fait refaire le nez, peut-être pour lui plaire davantage

celle-ci pourrait être sa veuve... s'il avait été marié.

Bertrand a poursuivi le bonheur impossible dans la quantité, dans la multitude. Pourquoi nous faut-il chercher auprès de tant et tant de personnes ce que toute notre éducation prétend nous faire trouver en une seule ?

Mais de toutes ces femmes qui ont traversé sa vie, il restera tout de même quelque chose, une trace, un témoignage, un objet rectangulaire, trois cent vingt pages brochées, on appelle ça un livre.

Table

Librio

655

Composition PCA – 44400 Rezé
Achevé d'imprimer en Allemagne (Pössneck) par GGP Media GmbH
en août 2004 pour le compte de E.J.L.
84, rue de Grenelle, 75007 Paris
Dépôt légal août 2004

Diffusion France et étranger : Flammarion